Plano mestre de evangelismo

Plano mestre de evangelismo

2ª edição

ROBERT COLEMAN

Traduzido por Omar de Souza

Copyright © 1963, 1964 por Robert E. Coleman
Publicado por Fleming H. Revell Company, Old Tappan, New Jersey, EUA

Coordenação: Silvia Justino
Colaboração: Rodolfo Ortiz
Preparação de texto: Omar de Souza
Capa: Magno Paganelli

Os textos das referências bíblicas foram extraídos da *Nova Versão Internacional* (NVI), da Sociedade Bíblica Internacional, salvo indicação expecífica.

Todos os direitos reservados e protegidos pela Lei nº 9.610, de 19/02/1998.

É expressamente proibida a reprodução total ou parcial deste livro, por quaisquer meios (eletrônicos, mecânicos, fotográficos, gravação e outros), sem prévia autorização, por escrito, da editora.

Dados Internacionais de Catalogação na Publicação (CIP)
(Câmara Brasileira do Livro, SP, Brasil)

Coleman, Robert R.

Plano mestre de evangelismo / Robert E. Coleman; traduzido por Omar de Souza. — 2. ed. com nova tradução. — São Paulo: Mundo Cristão, 2006.

Título original: The master plan of evangelism.
ISBN: 85-7325-414-9

1. Evangelização   2. Jesus Cristo - Métodos de evangelização   I. Título.

05-9057   CDD-269.2

Índice para catálogo sistemático:
1. Evangelização: Cristianismo   269.2
Categoria: Teologia/Missões

Publicado no Brasil com todos os direitos reservados por:
Editora Mundo Cristão
Rua Antônio Carlos Tacconi, 69, São Paulo, SP, Brasil, CEP 04810-020
Telefone: (11) 2127-4147
www.mundocristao.com.br

2ª edição: janeiro de 2006
22ª reimpressão: 2025

Sumário

Introdução	7
Prefácio	9
1. Recrutamento	17
2. Associação	33
3. Consagração	45
4. Transmissão	57
5. Demonstração	69
6. Delegação	79
7. Supervisão	91
8. Reprodução	99
Conclusão	111

Introdução

Paul Stromberg Rees

NA "CRÍTICA DAS TESES de Feuerbach" de *A ideologia alemã* (Hucitec), Karl Marx escreveu: "Os filósofos só conseguiram interpretar o mundo de modo diferente; a questão, porém, é transformá-lo". Embora sejam diversos quanto a suas afirmações fundamentais, o Evangelho cristão e o comunismo concordam neste ponto. Mas a afinidade não vai muito além. A Igreja se distingue por proclamar a transformação do mundo a partir da mudança operada na vida dos seres humanos. A reflexão permite que as pessoas produzam novas filosofias, mas só os regenerados em Cristo possuem a chave para a construção de uma sociedade efetivamente renovada.

Esta convicção, fundamentada na afirmação bíblica de que "Deus em Cristo estava reconciliando consigo o mundo" (2Co 5:19), faz do evangelismo muito mais do que uma teoria ou um lema. Ela coloca o assunto em foco e o evidencia como uma necessidade. Neste ponto, entretanto, surge uma questão: como fazer do evangelismo — o processo de ampliação do círculo da fé que inclui cada vez mais pessoas transformadas pela confiança no fato de que Jesus é o Salvador — uma prática permanente, envolvente e atraente?

Sob o título *Plano mestre de evangelismo*, Robert E. Coleman, professor de evangelismo do Seminário Teológico de Asbury, apresenta uma série de princípios e elabora um esquema cujo estudo cuidadoso permite resgatar o conceito original de evangelismo: uma atividade essencial e contínua, baseada no testemunho da congregação dos fiéis, e que não pode ser classificada como *especial* ou *ocasional*.

Não há nada nas próximas páginas que minimize a obra realizada pelo Espírito Santo através do esforço colossal, conjunto e pontual de grandes especialistas em evangelismo, tais como Dwight L. Moody, Billy Sunday ou Billy Graham. Por outro lado, o conteúdo deste livro faz dele um guia eficaz na formação de novos discípulos através de pequenos grupos. Além disso, o *Plano mestre de evangelismo* estimula o testemunho da igreja local diante da sociedade que a cerca, tudo isso com o objetivo de demonstrar a relação entre o Evangelho que somos incumbidos de proclamar e a vida que este mesmo Evangelho nos capacita a viver.

O trabalho de Robert Coleman, concentrado ao máximo no modelo demonstrado pelo Senhor Jesus e seus discípulos, é pródigo em fundamentação bíblica. O estilo do autor dispensa ornamentos ou rodeios. É objetivo, direto. Ele reflete a sinceridade e a transparência de alguém que se concentrou por muito tempo no estudo do tema que se propõe a abordar.

Justamente na manhã que elaborei este texto, ouvi um locutor de rádio afirmar que, na maioria das situações que as pessoas confrontam, elas fazem um entre dois movimentos possíveis: partem das *palavras* para as *ações* ou das *ações* para as *palavras*. É a mesma coisa que dizer: quando deixamos de tomar a iniciativa de transformar a teoria e os ideais em práxis, as ações concretas e palpáveis se perdem no meio de um palavreado inócuo. Creio que esta obra tão importante pode nos livrar deste perigo. Recomendá-la, portanto, é um grande prazer para mim.

Prefácio
O Mestre e o plano

Eu sou o caminho.
João 14:6

O PROBLEMA DOS MÉTODOS EVANGELÍSTICOS

Objetividade e relevância: estas são as questões cruciais em nosso trabalho. Estão diretamente relacionadas, e o grau de compatibilidade entre elas servirá como base para determinar a importância e o sentido daquilo que fazemos. O fato de estarmos envolvidos em várias atividades ou sermos muito qualificados não significa necessariamente que podemos considerar o objetivo alcançado. Há duas perguntas que sempre devemos fazer a nós mesmos: está valendo a pena? É assim mesmo que se faz?

É preciso voltar continuamente a essas questões quando se trata da atividade evangelística da igreja local. Até que ponto nossos esforços para manter as coisas funcionando bem estão contribuindo de fato para o cumprimento da Grande Comissão de Cristo? Há alguma iniciativa em expansão que reúna homens comprometidos com o Reino, alcançando o mundo com o Evangelho, e que seja fruto de nosso ministério? Não há como negar o fato de que estamos envolvidos em muito trabalho na igreja. Tentamos transformar vários projetos evangelísticos em programas práticos, um após o outro — mas será que estamos atingindo nossos objetivos?

Primeiro a função, depois o formato

A esta altura da discussão, nossas preocupações se concentram na necessidade de elaborar uma estratégia inteligente de ações contínuas que contemplem o objetivo mais amplo do trabalho de evangelização. É preciso que saibamos de que modo um determinado curso de ação se encaixa no plano geral de Deus para nossa vida. Só este senso de missão pode mobilizar nossas almas, e isto vale para qualquer método ou técnica empregado na propagação do Evangelho do Reino. Assim como um prédio é construído de acordo com o uso planejado para ele, tudo que fazemos também deve ter um propósito. Caso contrário, nossas ações podem se perder em meio a confusão e falta de finalidade.

Um estudo sobre princípios

É isso que justifica o estudo proposto neste livro. Trata-se de um esforço para identificar os mesmos princípios que determinavam as ações do Mestre, na esperança de que nosso trabalho siga o mesmo padrão de excelência e eficácia. Assim sendo, você não verá neste livro uma tentativa de interpretação dos métodos de Jesus, tanto no que se refere à evangelização pessoal quanto à pregação do Evangelho para grandes públicos.[1] Na verdade, este é um estudo dos princípios implícitos no ministério do Filho de Deus, e que determinaram os métodos que ele utilizou. *Plano mestre de evangelismo* pode ser considerado, portanto, um estudo sobre a estratégia evangelística de Cristo e como ela orientou sua vida enquanto ele viveu na Terra.

A necessidade de pesquisas mais profundas

É surpreendente constatar que pouca coisa tem sido publicada sobre este aspecto da questão, embora muitos livros que falam de métodos evangelísticos a mencionem. O mesmo se pode

PREFÁCIO

dizer dos estudos sobre os métodos de ensino de Jesus,[2] assim como textos em geral que focalizam a vida e a obra de Cristo.[3] Provavelmente, os mais cuidadosos estudos já produzidos até hoje sobre o plano evangelístico geral do Mestre sejam aqueles que se referem ao treinamento dos discípulos, entre os quais se destaca *O treinamento dos Doze*, de Alexander B. Bruce.[4] Publicada pela primeira vez em 1871 e revisada em 1899, esta narrativa sobre o crescimento dos discípulos na presença do Mestre ainda é a mais rica em revelações a respeito do tema.

Outra obra, *Pastor pastorum*, de Henry Latham, escrita em 1890, dedica uma atenção particular ao modo segundo o qual Jesus treinava as pessoas, ainda que a análise seja menos abrangente.[5] Desde o tempo desses estudos pioneiros surgiram vários outros livros mais simples, que ajudam e estimulam a discussão sobre o assunto.[6] Nem todas essas obras compartilham o mesmo ponto de vista teológico evangélico, mas é interessante notar como praticamente concordam na avaliação que fazem a respeito do principal fator de motivação na obra de Jesus entre os discípulos.

Isso também acontece com muitas obras práticas sobre as várias fases da vida e do ministério da Igreja publicadas de uns tempos para cá, principalmente os livros voltados para o movimento cada vez maior de grupos pequenos e testemunhos leigos nas comunidades locais. Ainda que saibamos que esses autores não escreveram a partir do ponto de vista de uma estratégia evangelística, devemos reconhecer que contribuíram de forma significativa na identificação dos princípios fundamentais presentes no ministério e na missão de nosso Senhor.

Entretanto, a essência da estratégia básica de Jesus raramente recebe a devida atenção. Ainda que sejamos agradecidos pelo trabalho daqueles que analisaram este assunto e valorizemos suas descobertas, ainda sentimos a necessidade de mais investigações e esclarecimentos, e isto é especialmente verdadeiro no estudo das próprias fontes que as originaram.

NOSSO PLANO DE ESTUDO

É importante consultar o Novo Testamento — e os evangelhos, em particular — para discernir de fato o plano de Jesus. Eles são, em última análise, os únicos relatos que temos de testemunhas oculares do Mestre em ação (Lc 1:2,3; Jo 20:30; 21:24; 1Jo 1:1). Para ser mais específico, os evangelhos foram escritos principalmente para nos mostrar que Cristo é o Filho de Deus e que, pela fé, temos vida em seu nome (Jo 20:31). Mas nem sempre percebemos que a revelação da vida em Cristo inclui sua maneira de viver, a mesma que ele nos orientou a seguir. Devemos lembrar que as testemunhas responsáveis pela redação dos livros não apenas viram a verdade — foram transformadas por ela. Por esta razão, ao contar a história da vida de Jesus, aquelas pessoas faziam questão de destacar os aspectos que mais as influenciaram (e a outras pessoas) na decisão de deixar tudo que tinham para seguir o Mestre. É claro que nem tudo foi registrado. Como acontece em outras narrativas históricas, os autores dos evangelhos desenham um painel geral baseado em alguns personagens e acontecimentos, destacando determinados pontos importantes no desenvolvimento da trama. Mas podemos ter certeza de que a intenção dos escritores é a de nos ensinar como seguir o exemplo de Cristo a partir desses eventos cuidadosamente selecionados e registrados em absoluta integridade, sob a inspiração do Espírito Santo. É por isso que os relatos sobre Jesus nas Escrituras Sagradas constituem nosso melhor, único e inequívoco manual de evangelismo.

Assim sendo, este plano de estudo foi elaborado com o objetivo de traçar os passos de Cristo segundo a narrativa dos evangelhos, sem interferência ou interpolação de qualquer outro material indevido ou impróprio. Com esta filosofia de trabalho em mente, os relatos divinamente inspirados da vida e da obra de Jesus foram examinados muitas vezes, e sob vários ângulos, na tentativa de discernir a motivação do Mestre no cumprimento de sua missão. Suas estratégias foram analisadas do ponto de vista de seu ministério como um todo, na esperança de que, desta maneira, fosse

PREFÁCIO

possível identificar o propósito maior contido em seus métodos de alcançar vidas. A tarefa não foi nada fácil, e sou o primeiro a reconhecer que ainda há muito que se aprender. É impossível restringir a grandeza ilimitada do Senhor da glória a qualquer tentativa de interpretação humana de sua perfeição, e quanto mais olhamos para Deus, mais nos certificamos desta realidade.

CRISTO, UM MODELO PERFEITO

Mesmo reconhecendo a limitação deste estudo, devo dizer que nada é mais gratificante. Por mais restrita que possa ser nossa capacidade de percepção, sabemos que temos um Professor perfeito em Jesus. Ele nunca cometeu um erro. Apesar de ter compartilhado nossa natureza humana e ser tentado de todas as formas, nunca foi dominado pelas limitações da carne, que aceitou por amor a nós. Mesmo optando por não colocar em prática sua onisciência divina, Jesus tinha tudo muito claro em sua mente. Sempre soube o que era certo, e como Varão perfeito, viveu como o próprio Deus entre os seres humanos.

OBJETIVO BEM DEFINIDO

Os dias nos quais Jesus viveu num corpo carnal nada mais eram que o desdobramento histórico do plano de Deus desde o princípio de todas as coisas. A intenção do Senhor sempre foi essa: separar do mundo um povo que fosse só seu e construir uma Igreja fundamentada no Espírito Santo, a qual jamais morreria. Ele sinalizou o dia da vinda de seu Reino, em glória e poder. Este mundo era sua Criação, mas não sua morada eterna. As mansões divinas estavam nos céus, e um lugar estava sendo preparado para seu povo na eternidade.

Ninguém foi excluído do propósito do Senhor, por sua graça. Seu amor era universal. Não se engane com isso: Jesus era "o Salvador do Mundo" (Jo 4:42). Deus queria que todos os seres humanos fossem salvos e conduzidos ao conhecimento da verdade.

Com esta finalidade, Cristo deu a própria vida, oferecendo salvação de todo pecado a todas as pessoas. Ao fazer isto por um, o fez por todos. Ao contrário da superficialidade de nossos conceitos, para Jesus nunca houve uma distinção entre missões nacionais e transculturais. Ele sempre considerou tudo como evangelização mundial.

SEU PLANO ERA DE VITÓRIA

A vida de Jesus foi orientada por seu objetivo. Tudo que fez e afirmou fazia parte de um plano preestabelecido, e era revestido de relevância porque contribuía para o propósito supremo de sua vida: redimir o mundo para Deus. Esta era a motivação que orientava suas ações e dirigia seus passos. Guarde isso em sua mente: o Mestre não deixou sua visão nem se desviou do objetivo um momento sequer.

Por isso é tão importante analisar as articulações de que Jesus se valeu para alcançar sua meta. O Mestre revelou a estratégia de Deus para conquistar o mundo. Ele tinha confiança no futuro exatamente porque vivia de acordo com aquele plano no presente. Nada foi casual em sua vida. Nenhuma energia foi empregada em vão, nenhuma palavra foi jogada fora. Ele estava trabalhando para Deus (Lc 2:49). Jesus viveu, morreu e ressuscitou de acordo com uma agenda previamente elaborada. Como um general que traça um plano de batalha, o Filho de Deus planejou sua vitória. Ele não podia apenas arriscar. Pesando cada alternativa e avaliando cada variante da experiência humana, Cristo concebeu um plano que não tinha como dar errado.

UMA ANÁLISE CUIDADOSA E RELEVANTE

Estudar o *Plano mestre de evangelismo* é uma experiência que produz muitas revelações. Aqueles que se propõem a refletir com seriedade a respeito do assunto chegarão a algumas conclusões muito profundas, talvez até chocantes, embora a compreensão

PREFÁCIO

provavelmente seja gradual e difícil. Na verdade, a princípio, pode até parecer que Jesus não tinha um plano. Outro tipo de abordagem pode levar à descoberta de alguma técnica específica, mas perder o padrão que fundamenta a estratégia geral. Esta, aliás, é uma de suas peculiaridades: ela é tão despretensiosa e sutil que passa despercebida pelos líderes mais desatentos. Mas quando o discípulo de Cristo finalmente compreende o método utilizado pelo Mestre, fica maravilhado com sua simplicidade e se pergunta como não conseguiu percebê-lo antes. Refletindo a respeito do plano de Jesus, vê-se que a filosofia na qual se baseia é tão diferente do que se vê nas igrejas de hoje em dia que suas implicações chegam a ser revolucionárias.

Nas próximas páginas, tentamos esclarecer oito princípios norteadores do *Plano mestre de evangelismo*. Contudo, é importante dizer que a seqüência de apresentação não significa que cada passo deva ser compreendido como uma etapa, como se o último só pudesse ser iniciado depois de cumprido todos os anteriores. Na verdade, todos os capítulos estão interligados, e em certo sentido, todos começam com o primeiro passo. A intenção, ao elaborar este esboço, é a de estruturar o método de Jesus e destacar a lógica progressiva de seu plano de evangelização. É importante observar que, à medida que o ministério de Jesus Cristo progride, cada passo se torna mais marcante e a seqüência, mais fácil de distinguir.

NOTAS

[1]Há inúmeros livros que tratam das diversas fases da mensagem evangelística e da metodologia de Jesus. Entre os títulos que podem oferecer contribuições bastante úteis estão: *How Jesus dealt with man* [*Como Jesus lidava com as pessoas*], de Raymond Calkins (Nashville: Abingdon-Cokesbury Press, 1942); *As he passed by* [*Conforme ele passava*], de Allan Knight Chalmers (Nova York: The Abingdon Press, 1939); *Meeting the Master* [*Encontro com o Mestre*], de Ozora Davis (Nova York: Association Press, 1917); *The personal evangelism of Jesus* [*O evangelismo pessoal de Jesus*], de F.V. McFatridge (Grand Rapids: Zondervan, 1939); *The great physician* [*O grande médico*], de G. Campbell Morgan (Nova York: Fleming H. Revell, 1937); *How Jesus*

won men [*Como Jesus ganhava almas*], de L.R. Scarborough (Nova York: George H. Doran, 1926); *Christ's way of winning souls* [*A maneira pela qual Jesus ganhava almas*], de John Calhoun Sligh (Nashville: Publishing House of the M.E. Church, South, 1909); *The magnetism of Christ* [*O magnetismo de Cristo*], de John Smith (Londres: Hodder and Stoughton, 1904); *The evangelism of Jesus* [*O evangelismo de Jesus*], de Mack Stokes (Nashville: Methodist Evangelistic Materials, 1960); *The evangelism of Jesus* [*O evangelismo de Jesus*], de Earnest Clyde Wareing (Nova York: The Abingdon Press, 1918); *Basic New Testament evangelism* [*Evangelismo básico do Novo Testamento*], de Faris D. Whitesell (Grand Rapids: Zondervan, 1949). Além desses trabalhos, que tratam especificamente dos métodos evangelísticos de Jesus, há muitos outros que concentram atenção particular sobre um ou dois capítulos, como *Modern evangelism* [*Evangelismo moderno*], de R.W. Cooper (Nova York: Fleming H. Revell, 1929, cap. 2); *Taking men alive* [*Resgatando vidas*], de Charles G. Trumbull (Nova York: Fleming H. Revell, 1927, cap. 9); *Galilean fisherman* [*O pescador Galileu*], de S.A. Whitmer (Berne, Indiana: Life and Hope, 1940, cap. 10). No entanto, toda obra que trata da vida e dos ensinamentos de Cristo oferece, em maior ou menor grau, referências a seus métodos evangelísticos, e muitos desses trabalhos mais amplos trazem uma discussão mais completa de casos específicos.

[2]Alguns dos livros e textos mais importantes são: *The pedagogy of Jesus* [*A pedagogia de Jesus*], de Walter Albeon Squires (Filadélfia: Westminster, 1927, p. 67-168); *The Christ of the classroom* [*O Cristo da sala de aula*], de Norman E. Richardson (Nova York: Macmillan, 1931, p. 121-82); *Jesus the Teacher* [*Jesus, o Professor*], de J.M. Price (Nashville: Convention Press, 1954, p. 31-60).

[3]Por exemplo, informações úteis relativas à estratégia de Jesus podem ser encontradas em obras bastante conhecidas, como *The life of our Lord* [*A vida de nosso Senhor*], de Samuel J. Andrews (Grand Rapids: Zondervan, 1954, p. 121,2); *The life of the Lord Jesus* [*A vida do Senhor Jesus*], de J.P. Lange (Grand Rapids: Zondervan, 1958, v. 1, p. 393-410; v. 2, p.182-97); *The life and times of Jesus the Messiah* [*A vida e a época de Jesus, o Messias*], de Alfred Edersheim (Nova York: E.R. Herrick, 1886, v. 1, p. 472-7); *The days of his flesh* [*Os dias da encarnação*], de David Smith (Londres: Hodder e Stoughton, 1905, p. 157-67). *Epochs in the life of Jesus* [*Períodos da vida de Jesus*], de A.T. Robertson (Broadman Press, 1974).

[4]Arte Editorial, 2004.

[5]Henry LATHAM. *Pastor pastorum*. Cambridge: Deighton Bell, 1910.

[6]É preciso pensar duas vezes antes de elaborar uma lista dessas obras, já que o grau de importância de cada uma à discussão do tema é muito variável, além de seu conteúdo estar sujeito a interpretações. No entanto, os títulos selecionados e mencionados a seguir, que chamaram minha atenção, merecem destaque: *Traits of the Twelve* [*As peculiaridades dos Doze*], de Edwin A. Schell (Cincinatti: Jennings and Graham, 1911); *With the Twelve* [*Na companhia dos Doze*], de Carl A. Glover (Nashville: Cokesbury Press, 1939); *Christ's way with people* [*Como Cristo lidava com as pessoas*], de F. Noel Palmer (Londres: Marshall, Morgan e Scott, 1943); *The Twelve together* [*Os Doze reunidos*], de T. Ralph Morton (Glasgow: The Iona Community, 1956). Há também passagens selecionadas em outros livros, com capítulos dedicados a este tema, como em *Jesus' way with people* [*Como Jesus lidava com as pessoas*], de Alexander C. Purdy (Nova York: The Womans Press, 1926, p. 101-15); *The New Testment order for Church and missionary* [*A orientação do Novo Testamento para a Igreja e os missionários*], de Alexander Rattray Hay (Audubon). New Testament Missionary Union, 1947, p. 36-43.

1

Recrutamento

E escolheu doze deles.
Lucas 6:13

O MÉTODO DE JESUS SE BASEAVA EM PESSOAS

Tudo começou quando Jesus chamou alguns homens e os convidou a segui-lo. Este ato era suficiente para revelar o rumo que sua estratégia evangelística tomaria. Ele não se preocupava com projetos especiais para alcançar grandes platéias, mas com pessoas a quem as multidões deveriam seguir. É interessante destacar que Jesus começou a reunir aqueles homens antes de organizar campanhas evangelísticas ou mesmo de pregar em público. As pessoas eram a base de seu método de ganhar o mundo para Deus.

O objetivo inicial do plano de Jesus era o de arregimentar pessoas que fossem capazes de testemunhar a respeito de sua vida e manter sua obra em andamento depois que retornasse ao Pai. João e André foram os primeiros convocados, logo depois que Jesus deixou o cenário do grande avivamento promovido por João Batista em Betânia, do outro lado do rio Jordão (Jo 1:35-40). André retribuiu levando seu irmão, Pedro (Jo 1:41,42). No dia seguinte, Jesus encontrou Filipe no caminho para a Galiléia, e Filipe, por sua vez, encontrou Natanael (Jo 1:43-51). Não há nenhuma evidência de que a seleção desses discípulos tenha sido precipitada. Eles foram designados, só isso. Tiago, irmão de João, não é mencionado como integrante do grupo até os quatro pescadores serem convocados novamente, muitos meses depois, no mar da Galiléia (Mc 1:19; Mt 4:21). Logo depois, ao passar pela cidade de Cafarnaum, o Mestre propõe a Mateus segui-lo (Mc 2:13,14; Mt 9:9; Lc 5:27,28). As peculiaridades envolvendo a chamada dos demais discípulos não foram registradas nos evangelhos, mas acredita-se que todas ocorreram no primeiro ano do ministério de nosso Senhor.[1]

Como era de se esperar, os primeiros esforços no sentido de ganhar almas tiveram pouco ou nenhum efeito imediato na vida religiosa da época de Jesus, mas isso não era o mais importante. O tempo passou, e aqueles poucos pioneiros convertidos estavam destinados a se tornar os líderes da Igreja do Senhor que levariam o Evangelho por todo o mundo. Do ponto de vista do propósito supremo de Deus, suas vidas tiveram um significado que durará por toda a eternidade. É só isso que importa.

GENTE ANSIOSA PARA APRENDER

O aspecto mais revelador sobre aqueles homens é que, a princípio, nenhum deles impressionava. Ninguém ocupava posição de destaque na sinagoga, e nenhum deles pertencia ao corpo sacerdotal levita. A maioria era formada por trabalhadores comuns, e provavelmente não tinha qualquer qualificação além do conhecimento básico necessário para o exercício de sua profissão. Talvez alguns pertencessem a famílias abastadas, como os filhos de Zebedeu, mas nenhum deles poderia ser considerado rico. Não tinham formação acadêmica nas artes e filosofias daquele tempo. Assim como o Mestre, a educação formal que receberam consistia apenas no que se aprendia nas escolas das sinagogas. Muitos cresceram na área mais pobre em torno da Galiléia. Aparentemente, o único dos Doze criado numa região mais privilegiada da Judéia era Judas Iscariotes.

Portanto, sob qualquer critério de sofisticação cultural daquela época ou atual, os apóstolos poderiam ser considerados como um agrupamento tosco de almas. É difícil compreender como Jesus poderia usar gente assim. Eram pessoas impulsivas, temperamentais, que se melindravam com facilidade e vítimas de todo tipo de preconceito no contexto em que viviam. Para resumir, aqueles homens selecionados pelo Senhor para ser seus assistentes representavam o perfil médio da sociedade daqueles dias.[2] Não era o tipo de gente de quem se pudesse esperar ganhar o mundo para Cristo.

Mesmo assim, Jesus viu naqueles homens simples o potencial de liderança para o Reino. De fato, eram pessoas "comuns e sem instrução", de acordo com o padrão do mundo (At 4:13), mas tinham capacidade de aprender. Embora costumassem errar em seus julgamentos e fossem lentos para compreender as questões espirituais, eram homens honestos, prontos para admitir suas fraquezas. Seu comportamento poderia ser grosseiro e suas habilidades, limitadas, mas à exceção do traidor, todos tinham um grande coração.

Talvez o fato mais significativo sobre os apóstolos era seu grande anseio por Deus e pelas coisas divinas. A superficialidade da vida religiosa à volta deles não deturpou a esperança que tinham pela vinda do Messias (Jo 1:41,45,49; 6:69). Estavam fartos da hipocrisia dos aristocratas legalistas. Alguns já haviam se unido ao movimento de avivamento promovido por João Batista (Jo 1:35). Aqueles homens procuravam por alguém que os guiasse no caminho da salvação. Gente assim, disposta a se deixar moldar pelas mãos do Mestre, poderia ganhar uma nova imagem. Jesus pode usar qualquer um que deseja ser usado.

FOCO BEM DEFINIDO

Ao destacar este fato, porém, não temos a intenção de ignorar a verdade prática de como Jesus fez aquilo. Aqui está a sabedoria de seu método, e quando observamos este detalhe, voltamos ao princípio fundamental do foco do Mestre sobre aqueles que pretendia usar. Não dá para transformar o mundo se as pessoas que nele vivem não forem transformadas; e as pessoas não mudam, a não ser que Jesus molde suas vidas. A necessidade, ao que parece, não era apenas a de recrutar uns poucos leigos, mas manter o grupo suficientemente pequeno para que pudesse ser bem trabalhado.

Por isso, conforme o grupo de seguidores cresceu ao redor de Jesus, por volta da metade de seu segundo ano de ministério, tornou-se necessário reduzir a companhia mais seleta a um número mais fácil de administrar. Assim, Jesus "chamou seus discípulos e escolheu doze deles, a quem também designou apóstolos" (Lc 6:13-17; v. Mc 3:13-19). Independentemente do significado simbólico que algumas pessoas atribuem ao número doze,[3] é evidente que Jesus queria que aqueles homens tivessem privilégios e responsabilidades singulares na obra do Reino de Deus.

Isto não quer dizer que, com a decisão de ter doze apóstolos, Jesus estava excluindo outras pessoas de seu círculo de seguidores. Como sabemos, havia muito mais discípulos, e alguns deles se tornaram obreiros muito eficazes da Igreja. Os Setenta (Lc 10:1); Marcos e Lucas, que revelaram o Evangelho; e Tiago, irmão do Senhor (1Co 15:7; Gl 2:9,12; v. Jo 2:12; 7:2-10), são exemplos notáveis disto. Contudo, devemos reconhecer que os Doze começaram a se destacar, em termos de prioridade, em relação aos demais.

A mesma regra poderia ser aplicada em sentido inverso: dentro do seleto grupo apostólico, Pedro, Tiago e João pareciam desfrutar de um relacionamento ainda mais especial com o Mestre do que os outros nove. Só aquele pequeno grupo privilegiado foi convidado a entrar no quarto onde a filha de Jairo estava deitada (Mc 5:37; Lc 8:51); só eles três acompanharam o Mestre e viram sua glória no monte da Transfiguração (Mc 9:2; Mt 17:1; Lc 9:28); e em meio às sombras tenebrosas projetadas pelas oliveiras do

RECRUTAMENTO   21

jardim do Getsêmani, sob a lua cheia da madrugada da Páscoa, aqueles membros do círculo mais íntimo de Jesus o acompanhavam de perto, enquanto ele orava (Mc 14:33; Mt 26:37). A preferência que dedicava àquele trio era tão evidente que, se não fosse pela mais pura atitude de renúncia e desprendimento, encarnada na pessoa de Cristo, poderia ter provocado sentimentos ressentidos nos demais apóstolos. O fato de não haver registro de reclamações dos discípulos sobre a proeminência dos três — ainda que houvessem se queixado de outras coisas — é prova de que a demonstração de algum tipo de preferência não precisa ser necessariamente uma ofensa, desde que isto aconteça dentro de um contexto adequado e por razões justas.[4]

A APLICAÇÃO DO PRINCÍPIO

O modo espontâneo de Jesus dedicar sua vida àqueles que desejava treinar era impressionante. Também serve para ilustrar um princípio fundamental do ensino: o de que, em igualdade de condições, quanto mais concentrado e compacto for o grupo a ser orientado, maior o potencial para uma instrução eficaz.[5]

Jesus dedicou parte considerável de seu tempo na Terra àqueles poucos discípulos. Ele empenhou todo seu ministério neles. O mundo poderia até demonstrar indiferença quanto ao Mestre, mas ainda assim sua estratégia seria vitoriosa. Por isso é que Jesus não ficou muito preocupado quando seus seguidores, no momento mais crucial, deixaram de ser leais a ele, ao confrontarem o verdadeiro significado do Reino (Jo 6:66). Mas ele não podia suportar a idéia de que seus discípulos mais chegados se desviassem do propósito maior. Era preciso que eles entendessem a verdade e por ela fossem santificados (Jo 17:17), caso contrário todo o restante iria por água abaixo. Foi assim que ele orou não "pelo mundo", mas pelos poucos que Deus dera a ele, "pois são teus" (Jo 17:6,9).[6] Tudo dependia da fidelidade daquele pequeno grupo: o mundo creria em Jesus "por meio da mensagem deles" (Jo 17:20).

VALORIZAÇÃO DAS MASSAS

No entanto, seria um erro presumir, com base no que foi dito até agora, que Jesus dava menor importância às massas. Com certeza, este não era o caso. Jesus fez tudo que qualquer pessoa poderia ter feito, e ainda mais, para alcançar as multidões. A primeira coisa que fez quando iniciou seu ministério, numa atitude de muita ousadia, foi se identificar com o grande movimento de avivamento popular de sua época, por meio do batismo realizado por João Batista (Mc 1:9-11; Mt 3:13-17; Lc 3:21,22). Mais tarde, Jesus fez uma pausa em seu ministério para louvar o trabalho do grande profeta (Mt 11:7-15; Lc 7:24-28), e orava o tempo todo pelas multidões que o seguiam em seu ministério de operação de milagres. Ele as ensinava. Providenciou alimento quando viu que o povo tinha fome. Curou os doentes e expulsou os demônios que os oprimiam. Abençoou as criancinhas. De vez em quando, era capaz de passar o dia inteiro cuidando das necessidades das pessoas, mesmo tendo que chegar "ao ponto de eles não terem tempo para comer" (Mc 6:31). De todas as formas possíveis, Jesus manifestou uma grande preocupação com as massas. Eram aquelas as pessoas que veio salvar. Ele as amava, chorou com elas e, no fim, morreu para salvá-las de seu pecado. Ninguém pode dizer que Jesus se negou a evangelizar o povo.

MULTIDÕES DESPERTADAS

Na verdade, a habilidade que Jesus possuía de cativar as multidões criou um problema sério em seu ministério. Ele foi tão bem-sucedido na expressão de sua compaixão e de seu poder que as pessoas, a certa altura, "pretendiam proclamá-lo rei à força" (Jo 6:15). Um dos seguidores de João Batista, ao prestar relatório a seu mestre, afirma que "todos" estavam clamando pela atenção de Jesus (Jo 3:26). Até os fariseus admitiam entre si que "o mundo todo" estava seguindo o Cristo (Jo 12:19). Para os chefes dos sacerdotes, tão amargo quanto o reconhecimento da popularidade de Jesus foi ter que concordar com o fato (Jo 11:47,48). Sob qualquer ponto de vista, o registro do Evangelho com certeza não indica que Jesus tenha desprezado seguidores entre as grandes massas, apesar da falta de lealdade que eles demonstravam. E foi assim até o fim de seu ministério. De fato, foi o medo dessa popularidade de Jesus que induziu seus acusadores a pensar numa oportunidade de capturá-lo quando não houvesse muita gente por perto (Mc 12:12; Mt 21:26; Lc 20:19).

Se Jesus tivesse incentivado este sentimento popular entre as massas que o seguiam, teria todos os reinos deste mundo a seus pés com facilidade. Bastaria a ele satisfazer as necessidades e as curiosidades temporais das pessoas com seu poder sobrenatural. Foi assim a tentação que Satanás apresentou no deserto, quando Cristo foi desafiado a transformar pedras em pães e atirar-se do pináculo do templo para que Deus o socorresse (Mt 4:1-7; Lc 4:1-4,9-13). Sem dúvida, aqueles feitos espetaculares levariam as multidões a aplaudi-lo. Satanás não estava oferecendo nada a Jesus quando prometeu todos os reinos deste mundo se o Mestre apenas o adorasse (Mt 4:8-10). O maior enganador dos seres humanos sabia muito bem que Jesus teria tudo isso caso deixasse sua atenção se desviar das coisas que realmente importavam no Reino eterno.[7]

Mas Jesus não estava ali para se exibir diante de uma platéia. Pelo contrário: por várias vezes, ele fez o possível para evitar que o apoio popular superficial das multidões — resultado da manifestação de seu poder extraordinário — o influenciasse (por exemplo: Jo 2:23—3:3; 6:26,27). Com freqüência, ele pedia àqueles que recebiam algum tipo de cura para não revelar o que tinha acontecido. A idéia era a de evitar demonstrações públicas de poder diante das pessoas que se reuniam à sua volta com muita facilidade.[8] Da mesma maneira, com os discípulos que viram sua transfiguração no monte, "Jesus lhes ordenou que não contassem a ninguém o que tinham visto, até que o Filho do homem tivesse ressuscitado dos mortos" (Mc 9:9; Mt 17:9). Em outras ocasiões, quando recebia os aplausos da multidão, o Mestre se retirava com seus discípulos e ia para algum lugar no qual pudesse dar prosseguimento a seu ministério.[9]

Às vezes, esta prática adotada por Jesus aborrecia seus seguidores — pelo menos, aqueles que não compreendiam a estratégia do Senhor. Até mesmo seus irmãos e irmãs, que ainda não criam nele, tentavam convencê-lo a abandonar esta forma de agir e realizar um grande espetáculo público diante do mundo, no qual ele seria o astro. Contudo, o Mestre recusou-se a acatar o conselho daquelas pessoas (Jo 7:2-9).

DIFICULDADE PARA ENTENDER

Diante desta postura, não chega a ser surpresa o fato de tão poucas pessoas terem sido convertidas de fato durante o ministério de Cristo — pelo menos, aquelas que davam sinais claros de conversão. É claro que muitas multidões creram em Jesus, no sentido em que seu ministério divino foi acolhido por elas,[10] mas, em termos comparativos, pouca gente parece ter alcançado o significado do Evangelho. Talvez o número total de seguidores leais de Cristo no fim de seu ministério na Terra fosse pouco maior do que uns 500 irmãos aos quais Jesus apareceu depois da ressurreição (1Co 15:6), e não mais do que 120 permaneceram em Jerusalém para receber o batismo do Espírito Santo (At 1:15). Embora este número não seja tão reduzido — considerando que seu ministério ativo se estendeu por um período de apenas três anos —, ainda assim, se fosse medida a eficácia de sua obra pelo total de convertidos, Jesus dificilmente seria considerado um dos maiores evangelistas da Igreja.

A ESTRATÉGIA

Por quê? Qual seria o motivo de Jesus concentrar sua vida num número relativamente tão reduzido de pessoas? Ele não veio para salvar o mundo? Ainda mais depois de ter sido anunciado com tanto entusiasmo nos discursos de João Batista às multidões, o Mestre poderia formar, com facilidade, um grupo de milhares de seguidores, se assim desejasse. Então, por que ele não capitalizou as oportunidades que teve de montar um poderoso exército de fiéis para tomar o mundo de assalto? Com certeza, o Filho de Deus poderia ter adotado um programa mais atraente de recrutamento de seguidores em larga escala. Não é um pouco decepcionante saber que alguém com todos os poderes do universo em suas mãos preferiu viver e morrer para salvar o mundo, e mesmo assim, no fim de seu ministério terreno, tinha apenas alguns discípulos meio toscos como resultado de seus esforços?

O foco da resposta a esta pergunta está no propósito verdadeiro do plano de Jesus para a evangelização. Jesus não estava tentando impressionar a multidão, mas prenunciar um Reino. Isto significa que precisava de pessoas capazes de liderar grandes grupos. Em que contribuiria para seu objetivo supremo de despertar o povo a segui-lo se aquelas pessoas não tivessem supervisão ou instrução a respeito do Caminho, posteriormente? Isso foi demonstrado em inúmeras ocasiões nas quais a multidão tornou-se vítima fácil de falsos deuses, quando deixada aos próprios cuidados. As massas eram como rebanhos de ovelhas desamparadas, perambulando sem destino e sem um pastor (Mc 6:34; Mt 9:36; 14:14). Ansiavam por seguir qualquer um que aparecesse com uma promessa de bem-estar e prosperidade, fosse um amigo ou um inimigo. Esta era a tragédia da época: Jesus era capaz de incitar as aspirações mais sublimes do povo, mas eram rapidamente frustradas quando aparecia alguma autoridade religiosa mal-intencionada para controlar as massas. Mesmo sendo poucos, em números relativos,[11] os líderes espirituais cegos de Israel (Jo 8:44; 9:39-41; 12:40; v. Mt 23:1-39) dominavam tudo que dizia respeito ao povo. Por esta razão, a não ser que os convertidos a Jesus tivessem homens de Deus competentes para liderá-los e protegê-los na verdade, logo se perderiam em confusão e desespero, e o último estado seria ainda pior do que o primeiro. Assim sendo, antes que o mundo pudesse ser ajudado de uma vez por todas, algumas pessoas surgiriam para guiar as multidões nas coisas de Deus.

Jesus era um realista. Ele compreendeu totalmente a volubilidade da natureza humana deturpada, assim como as forças satânicas deste mundo reunidas para combater a Humanidade. Foi com base neste conhecimento que ele elaborou seu plano evangelístico para suprir a necessidade dos pecadores. As multidões de almas em conflito e desnorteadas estavam potencialmente prontas para segui-lo, mas Cristo sozinho não poderia dar a elas a atenção pessoal da qual precisavam. Sua única alternativa era dispor de homens imbuídos do próprio Evangelho que cumpririam esta tarefa. Por esta razão, ele concentrou seus esforços na preparação daqueles que dariam início a seu método de liderança. Embora Jesus tivesse feito o que podia para ajudar o povo, precisava dedicar sua atenção prioritariamente a algumas pessoas, mais do que às massas, com o objetivo de garantir que elas tivessem oportunidade de conhecer o caminho da salvação. Este era o aspecto mais genial de sua estratégia.

A APLICAÇÃO DO PRINCÍPIO NOS DIAS DE HOJE

Por mais estranho que possa parecer, este princípio não é muito bem compreendido hoje em dia. Muitos esforços evangelísticos começam com as multidões para depois alcançar as pessoas individualmente, segundo a suposição de que a Igreja está qualificada para conservar as coisas boas que faz. O resultado é uma ênfase extraordinária em números de convertidos, candidatos a batismo e aumento na lista de membros da congregação, enquanto pouco ou nenhum interesse genuíno é demonstrado pelo aprofundamento e pela afirmação dessas almas no amor e no poder de Deus — isso sem falar na preservação e na continuidade da obra do Senhor.

A esta altura, se o padrão estabelecido por Jesus significa alguma coisa de fato, ele ensina que a primeira obrigação de um pastor, assim como a primeira preocupação de um evangelista, é assegurar-se desde o início de que há um fundamento sobre o qual pode ser erguido um ministério evangelístico eficaz e contínuo para alcançar as multidões. Isto exigirá uma concentração ainda maior de tempo e talentos sobre um número reduzido de pessoas na igreja, sem negligenciar a paixão pelo mundo que precisa de salvação. Significará o surgimento de uma liderança treinada "para a obra do ministério" junto com o pastor (Ef 4:12). Um punhado de pessoas capazes de dedicar-se desta maneira é suficiente para mobilizar o mundo por Deus.[12] A vitória nunca é alcançada pelas multidões.

É possível que alguém argumente que a aplicação deste princípio pelo obreiro cristão revela um certo favoritismo por determinado grupo dentro da igreja. No entanto, mesmo que isto aconteça, ainda é esta a maneira segundo a qual Jesus concentrou seus esforços, e se algum tipo de liderança permanente precisa ser formado, é fundamental colocar este princípio em ação. Onde há um amor genuíno por toda a igreja e uma preocupação autêntica pelas necessidades das pessoas, estas objeções podem, pelo menos, ser conciliadas com a missão que devemos cumprir. De qualquer forma, o objetivo supremo deve estar bem claro na mente do obreiro, e não pode haver um traço sequer de parcialidade ou egoísmo nos relacionamentos que ele mantém com todas as pessoas. Tudo que se faz com os grupos pequenos tem por finalidade a salvação das multidões.

Uma demonstração contemporânea

Este princípio de seleção e concentração de esforços está enraizado no universo, e traz resultados palpáveis, não importa quem seja a pessoa que o coloca em prática, crendo ou não a igreja em sua eficácia. Com certeza, não é à toa que os comunistas, sempre alertas aos métodos que funcionam de fato, adotaram em larga escala o mesmo método de Jesus para expansão de sua ideologia. Valendo-se dele para atingir seus objetivos, conseguiram multiplicar-se, deixando de ser um punhado de *zelotes* para se transformar numa vasta rede que chegou a dominar quase metade da população do planeta. Eles provaram, na história recente, o que Jesus demonstrou de modo tão claro em sua época: que as multidões podem ser conquistadas com facilidade se tiverem bons líderes para seguir. Será que, em certo sentido, a expansão que a filosofia comunista alcançou há algumas décadas poderia ser encarada como um julgamento da Igreja? Até que ponto a debilidade de nosso compromisso com o evangelismo, assim como a maneira superficial com que lidamos com a questão, podem ter sido colocados na berlinda?

É hora de agir

Está na hora de a Igreja confrontar a situação de modo realista. Os dias de superficialidade já se foram. O programa evangelístico da Igreja naufragou em praticamente todas as frentes. O pior de tudo é que o grande impulso missionário da expansão do Evangelho através de novas fronteiras perdeu sua força. Em muitos países, a Igreja enfraquecida mal consegue acompanhar a explosão populacional. Enquanto isso, as forças satânicas deste mundo estão se tornando ainda mais implacáveis e ousadas em seus ataques. Quando paramos para pensar sobre isso, percebemos a ironia. Numa era em que há recursos disponíveis para a disseminação rápida do Evangelho por parte da Igreja como nunca se viu antes, na prática estamos alcançando menos resultados em nosso objetivo de ganhar o mundo para Deus do que antes da invenção do automóvel.

Ao avaliar a condição trágica do mundo de hoje, não podemos agir de modo afobado na tentativa de reverter a tendência de uma hora para a outra. Talvez este tenha sido nosso problema. Com a preocupação de conter a maré, implantamos um programa evangelístico de impacto atrás do outro para alcançar as multidões com a palavra de Deus. No entanto, por conta de nossa frustração, falhamos por não compreender que o problema verdadeiro não está no povo — no que ele crê, como é governado, se é bem alimentado ou não. Todas essas coisas, consideradas tão vitais, são, em última análise, manipuladas por outras pessoas. Por esta razão, antes de resolver a questão da exploração das massas, precisamos chegar àqueles que as conduzem.

É claro que isto torna uma prioridade a missão de ganhar e treinar essas pessoas para que assumam posições de responsabilidade na liderança. Mas se não podemos começar por cima, então é melhor dar a largada onde estamos, treinando alguns dos mais simplórios para que se tornem grandes. E cabe lembrar, também, que ninguém precisa do prestígio do mundo para ser útil no Reino de Deus. Qualquer pessoa que deseja seguir a Cristo com fervor pode se tornar uma influência poderosa sobre o mundo — desde que, naturalmente, passe ela mesma pelo treinamento adequado.

É neste ponto que devemos começar, do mesmo modo que Jesus. Será um trabalho lento, chato, doloroso. É provável que, a princípio, ninguém sequer note nosso esforço. Contudo, o resultado final será glorioso, mesmo que não vivamos o suficiente para testemunhá-lo. Vista por este ângulo, esta decisão revela-se muito importante para o ministério. É preciso resolver em que âmbito devemos fazer diferença: no reconhecimento momentâneo proporcionado pelo aplauso das multidões ou na reprodução da vida

30 PLANO MESTRE DE EVANGELISMO

de Cristo a partir da obra de alguns poucos escolhidos que cumprirão sua tarefa depois de nós. A questão é: para qual geração estamos vivendo?

No entanto, devemos prosseguir. Agora precisamos analisar como Jesus treinou seus homens para realizar sua obra. O padrão geral é parte do mesmo método, e não podemos separar uma etapa da outra sem comprometer sua eficácia.

NOTAS

[1]Uma das qualificações dos apóstolos, mencionada em Atos 1:21, era que tivesse acompanhado o Mestre, "desde o batismo de João até o dia em que Jesus foi elevado dentre nós às alturas". Embora esta passagem não revele que ponto da obra batismal de João devemos considerar como marco inicial (com certeza, não desde o princípio, nem a partir do próprio batismo do Senhor), ela sugere uma associação prévia de todos os apóstolos com Jesus, talvez na época em que João Batista foi aprisionado. Veja Samuel J. ANDREWS, *op. cit.*, p. 268; v. Alfred EDERSHEIM, *op. cit.*, v. 1, p. 521.

[2]Muitos autores tentaram traçar um perfil dos doze apóstolos. Entre os que se propuseram a esta tarefa, além dos já citados em notas anteriores, os seguintes títulos forneceram textos de leitura bastante acessível: *The representative men of the New Testament* [*Os homens mais representativos do Novo Testamento*], de George Matheson (Nova York: Eaton and Mains, 1905); *The Twelve* [*Os Doze*], de Edward Augustus George (Nova York: Fleming H. Revell, 1916); *The men whom Jesus made* [*Os homens que Jesus formou*], de W. Mackintosh Mackay (Nova York: George H. Doran, 1924); *The Máster and the Twelve* [*O Mestre e os Doze*], de J.W.G. Ward (Nova York: George H. Doran, 1924); *The Twelve*, de Charles R. Brown (Nova York: Harper, 1926); *The glorious company* [*A companhia gloriosa*], de Francis Witherspoon (Nova York: Harcourt, Brace and Co., 1928); *The twelve Christ chose* [*Os doze que Cristo escolheu*], de Asbury Smith (Nova York: Harper, 1958); *The Master's men* [*Os homens do Mestre*], de William Barclay (Nashville: Abingdon, 1991); *Great personalities of the New Testament* [*Grandes personalidades do Novo Testamento*], de William Sanford LaSor (Westwood, N.J: Fleming H. Revell, 1961).

[3]Várias opiniões foram formadas sobre o motivo de apenas doze terem sido designados "apóstolos", já que Jesus poderia ter selecionado mais ou realizado sua obra com menos gente, mas a teoria mais plausível provavelmente seja aquela segundo a qual o número sugere uma relação espiritual entre a companhia apostólica e o Reino Messiânico de Deus. Edwin Schell afirma: "Doze é o número do Israel espiritual. Seja por meio da observação dos doze patriarcas, nas doze tribos ou nos doze fundamentos dos doze portões da Jerusalém celestial, este número simboliza, em todas as vezes que aparece, a presença de Deus na família humana — a interpenetração do mundo pelo divino" (Edwin SCHELL. *op. cit.*, p. 32. É bem possível que os apóstolos tenham visto neste número um sentido mais literal, e

RECRUTAMENTO 31

tenham começado a cultivar esperanças ilusórias de ver a restauração de Israel, num sentido político. Não há dúvida de que tinham noção dos papéis que exerceriam entre os Doze, e tiveram a preocupação de encontrar uma pessoa para ocupar a vaga que fora aberta a partir da morte de Judas (At 1:15-26; v. Mt 19:28). Uma coisa, porém, é certa: o número serviu para reforçar no coração dos escolhidos sua importância na obra futura do Reino.

[4]Henry Latham sugere que o recrutamento daqueles três apóstolos serviu para convencer todo o grupo sobre a necessidade de "abnegação total". Segundo sua análise, era mesmo intencional mostrar aos apóstolos que "Cristo atribuía incumbências a quem quisesse; que o simples fato de fazer parte da obra de Deus já é uma honra; e que ninguém deve se sentir desencorajado por ver outras pessoas recebendo um tipo de trabalho aparentemente mais importante que os demais". Henry LATHAM. *op. cit.*, p. 325.

[5]O princípio da concentração exemplificado no ministério de Jesus não chegava a ser uma novidade. Sempre fez parte da estratégia de Deus, desde o princípio. O Antigo Testamento registra como Deus selecionou Israel, uma nação relativamente pequena, para através dela colocar em ação seu propósito redentor para toda a humanidade. Mesmo entre os israelitas, a liderança normalmente se concentrava no âmbito familiar, em especial no ramo davídico da tribo de Judá.

[6]A oração sacerdotal de Cristo no capítulo 17 de João é bastante significativa em relação à conexão que faz com seus apóstolos. Dos 26 versículos da oração, 14 estão diretamente relacionados aos doze discípulos (Jo 17:6-19).

[7]A intenção aqui não é a de sugerir que a tentação envolvia apenas a questão da posse dos reinos do mundo, mas apenas a de enfatizar que o apelo da tentação era sobre a estratégia de Jesus — a de evangelizar o mundo —, assim como sobre o propósito espiritual de sua missão. Outra interpretação deste episódio da tentação no deserto, do ponto de vista do método evangelístico, e de certa forma parecida, é dada no livro *Where in the world?* [*Onde no mundo?*], de Colin W. William (Nova York: Nat'l Council of Churches of Christ, p. 24-7).

[8]Alguns exemplos: o caso do leproso curado (Mc 1:44,45; Mt 8:4; Lc 5:14-16); as pessoas libertadas de espíritos imundos no mar da Galiléia (Mc 3:11,12); Jairo, depois de ver a filha ressuscitar (Mc 5:42,43; Lc 8:55,56); os dois cegos que recuperaram a visão (Mt 9:30); e o cego de Betsaida (Mc 8:25,26).

[9]Alguns exemplos podem ser encontrados em Jo 1:29-43; 6:14,15; Mc 4:35,36; 6:1,45,46; 7:24-8:30; Mt 8:18,23; 14:22-23; 15:21,39; 16:4; Lc 5:16; 8:22; e muitos outros.

[10]Há exemplos disso em Jo 2:23-25; 6:30-60; 7:31-44; 11:45-46; 12:11,17-19; Lc 14:25-35; 19:36-38; Mt 21:8-11,14-17; Mc 11:8-11.

[11]Os fariseus e os saduceus eram os principais líderes de Israel, além dos exércitos de ocupação romanos, e toda a vida religiosa, social, educacional e (num grau mais limitado) política dos aproximadamente 2 milhões de habitantes da Palestina era moldada a partir de sua interferência. Mesmo assim, o número de pessoas que pertenciam ao ramo farisaico — composto, em sua maioria, por rabinos e leigos prósperos -, segundo estimativas do historiador Flavius Josephus (*Ant.*, XVII, 2, 4), não passava de 6 mil. Enquanto isso, o número total de saduceus, grupo formado principalmente de chefes de sacerdotes e famílias que controlavam o Sinédrio de

Jerusalém, provavelmente chegava a algumas centenas. Veja Anthony C. DEANE. *The world Christ knew [O mundo que Jesus conheceu]* (Londres: Guild Books, 1944, p. 57,60; Alfred EDERSHEIM. *op. cit.*, p. 311. Quando se considera que este grupo de menos de sete mil pessoas, tão reduzido e cheio de privilégios, representava cerca de um terço de 1% da população de Israel e guiava o destino espiritual de uma nação, não é difícil entender por que Jesus falou tanto sobre eles quando ensinava a seus discípulos a necessidade estratégica de melhores lideranças para o povo.

[12]Esta idéia surge de forma clara na tradução de Efésios 4:11,12: "E ele designou alguns para apóstolos, outros para profetas, outros para evangelistas, e outros para pastores e mestres, com o fim de preparar os santos para a obra do ministério, para que o corpo de Cristo seja edificado". Outras versões apresentam o mesmo sentido básico. As três partes do versículo 12 se fazem dependentes umas das outras de forma sucessiva, com a última assumindo a condição de clímax da idéia geral. De acordo com esta interpretação, Cristo concedeu um dom especial a alguns oficiais da igreja com o propósito de aperfeiçoar os santos para que cada um seja capaz de cumprir sua tarefa no grande objetivo de construir o Corpo de Cristo. O ministério da Igreja é visto como uma obra que envolve todos os membros do corpo (compare 1Co 12:18 com 2Co 9:8). Lutero chama atenção a este mesmo aspecto em seu comentário sobre o livro de Efésios, assim como Weiss, Méier, DeWitte e Salmond. Para uma boa compreensão deste versículo a partir desse ponto de vista, veja o volume sobre Efésios em *The expositor's Greek Testament [O Testamento Grego do expositor bíblico]* (Grand Rapids: Wm. B. Eerdmans, p. 330,1). Outras visões sobre o assunto são apresentadas com propriedade por Abbott em "Ephesians and Colossians" ["Efésios e Colossenses"] em *International critical commentary [Comentário crítico internacional]* (Edinborough: T.T. Clark, 1897, p. 119,20); e por Lange em "Galatians-Colossians" ["Gálatas-Colossenses"] em *Commentary on the Holy Scriptures [Comentário sobre as Escrituras Sagradas]* (Grand Rapids: Zondervan, p. 150,1). Um tratamento prático desta idéia geral pode ser encontrado no livro *A ministering church [Uma igreja que ministra]*, de Gaines S. Dobbins (Nashville: Broadman, 1960, cap. 2, "A church needs many ministers" ["Uma igreja precisa de muitos ministros"], p. 15-29); e por um ângulo ainda diferente em *The normal christian church life [A vida normal de uma igreja cristã]*, de Watchman Nee (Washington: International Students, 1962).

2

Associação

E eu estarei sempre com vocês.
Mateus 28:20

Jesus permaneceu com eles

Depois de convocar os discípulos, Jesus assumiu o hábito de permanecer entre eles. Esta era a essência de seu programa de treinamento: permitir a seus discípulos que o seguissem. Quando paramos para pensar sobre isso, percebemos que se tratava de uma maneira bem simples de agir. Jesus não oferecia uma educação formal, não fundou um seminário, não definiu um currículo escolar nem abriu matrículas para seus seguidores. Nenhum desses procedimentos, tão importantes em termos de organização, e que hoje são considerados fundamentais, faziam qualquer diferença em seu ministério. É mesmo impressionante: tudo que Jesus fazia para ensinar o Caminho àquelas pessoas era trazê-las para perto de si. Ele era sua própria escola e seu próprio currículo.

A informalidade natural do método de ensino de Jesus contrastava com os procedimentos formais, quase acadêmicos, dos escribas, mestres da religião daquela época. Eles insistiam que seus discípulos aderissem incondicionalmente a certos rituais e fórmulas de conhecimento, através dos quais se distinguiam das outras pessoas, ao passo que Jesus pedia apenas que seus discípulos o seguissem, nada mais. O Filho de Deus não transmitia seus conhecimentos aos que o seguiam em termos de leis e dogmas, mas na personalidade viva e palpável do próprio Senhor, que andava com eles. Seus discípulos se distinguiam não por se conformar externamente a certos rituais, mas por estar com o Deus feito carne e, por conta disto, participando de sua doutrina (Jo 18:19).

QUEM O ACOMPANHAVA, APRENDIA

Foi por causa desta comunhão com o Mestre que aos discípulos "foi dado o conhecimento dos mistérios do Reino de Deus" (Lc 8:10). O conhecimento era adquirido primeiramente por meio da associação, e depois compreendido através da explicação. Em nenhuma outra ocasião este princípio foi tão bem revelado quanto na ocasião em que um dos discípulos perguntou: "Como então podemos saber o caminho?", refletindo sua frustração diante do conceito da Santíssima Trindade. Sobre isso, Jesus respondeu: "Eu sou o caminho, a verdade e a vida" (Jo 14:5,6), o que significava dizer que o cerne da questão já havia sido explicado, mas, para entendê-lo, era preciso que os discípulos abrissem seus olhos para a realidade espiritual encarnada, e que estava vivendo entre eles.

Esta metodologia tão simples foi revelada desde o início, com o convite que Jesus fez àqueles homens a quem desejava liderar. João e André foram convidados — "Venham e verão" — a conhecer o lugar onde Cristo estava hospedado (Jo 1:39). Nada mais foi dito, segundo as Escrituras Sagradas — até porque não havia mais nada para se dizer. Em casa, com Jesus, eles poderiam conversar sobre várias coisas. Na privacidade da casa, conheceriam mais profundamente a natureza e a obra do Salvador. Filipe foi convocado da mesma maneira básica: "Siga-me" (Jo 1:43). Motivado e mobilizado por aquela abordagem tão simples, Filipe convidou Natanael — "Venha e veja" — para conhecer o Mestre (Jo 1:46). Um testemunho vivo vale tanto quanto uma centena de explicações.

Mais tarde, quando Tiago, João, Pedro e André estavam remendando as redes de pesca, Jesus voltou a falar com as mesmas palavras singelas: "Sigam-me", com a diferença de que, nesta oportunidade, ele também explica o motivo do convite: "... e eu os farei pescadores de homens" (Mc 1:17; v. Mt 4:19; Lc 5:10). Mateus, que ocupava um lugar na coletoria (repartição pública onde os impostos eram recolhidos), recebeu o mesmo tipo de chamado: "Siga-me" (Mc 2:14; Mt 9:9; Lc 5:27).

A APLICAÇÃO DO PRINCÍPIO

Perceba que estratégia poderosa era aquela. Ao responder à convocação inicial, aqueles que criam se inscreviam efetivamente na escola de Jesus, na qual sua compreensão poderia ser ampliada e a fé, consolidada. Com certeza, havia muitas coisas que aquelas pessoas não entendiam — coisas que elas mesmas admitiam não saber, conforme caminhavam com o Mestre. Mas todas essas questões poderiam ser encaminhadas se elas seguissem Jesus. Na presença dele, poderiam aprender tudo que precisavam.

Este princípio, aplicado desde o início do ministério do Filho de Deus, ganhou uma articulação especial mais adiante, quando Cristo, diante do grande grupo de pessoas que o seguia, escolheu os Doze "para que estivessem com ele" (Mc 3:14; v. Lc 6:13). Ele avisou, é claro, que "os enviaria a pregar", e que teriam "autoridade para expulsar demônios". No entanto, costumamos nos esquecer do que Jesus falou primeiro. O Salvador deixou claro que, antes que pudessem "pregar" ou "expulsar demônios", aqueles homens "estariam com ele". Na verdade, este compromisso pessoal de associar-se permanentemente a Cristo era parte tanto do ordenamento missionário quanto da autoridade que receberam para evangelizar. De fato, naquele momento, tratava-se de um aspecto da maior importância, pois uma coisa era a preparação necessária para a outra.

Cada vez mais próximos

A determinação com a qual Jesus procurou cumprir sua missão é evidente quando se lê as narrativas posteriores nos evangelhos. Ao contrário do que se poderia esperar, conforme o ministério de Cristo se prolongou até o segundo e o terceiro anos, o Mestre passou a dedicar um tempo cada vez maior aos discípulos escolhidos.[1]

Com freqüência, Jesus os levava consigo nos retiros que fazia em áreas montanhosas da região, nas quais ainda era relativamente desconhecido, numa tentativa de evitar a publicidade tanto quanto possível. Eles viajaram juntos a Tiro e Sidom, ao noroeste (Mc 7:24; Mt 15:21); à "região de Decápolis" (Mc 7:31; v. Mt 15:29) e "para a região de Dalmanuta", a sudoeste da Galiléia (Mc 8:10; v. Mt 15:39); e até "os povoados nas proximidades de Cesaréia de Filipe", a nordeste (Mc 8:27; v. Mt 16:13). Aquelas jornadas aconteciam, em parte, por causa da oposição dos fariseus e da hostilidade de Herodes, mas, em primeiro lugar, porque Jesus sentia a necessidade de ficar a sós com seus discípulos. Posteriormente, ele ficaria muitos meses junto com os seguidores em Peréia, a leste do Jordão (Lc 13:22-19:28; Jo 10:40—11:54; Mt 19:1-20:34; Mc 10:1-52). A oposição cresceu naquele lugar, e "Jesus não andava mais publicamente entre os judeus. Ao invés disso, retirou-se para uma região próxima do deserto, para um povoado chamado Efraim, onde ficou com os seus discípulos" (Jo 11:54). Quando, finalmente, chegou a época de ir a Jerusalém, o Mestre "chamou em particular os doze discípulos", longe dos demais, e tomou o caminho da cidade (Mt 20:17; v. Mc 10:32).

Diante disso, não chega a surpreender o fato de que, durante a semana da Paixão, Jesus dificilmente deixasse que os apóstolos se afastassem demais. Até quando orou sozinho no Getsêmani, seus discípulos estavam por perto (Lc 22:41).[2] Não é desta forma

ASSOCIAÇÃO

que todas as famílias agem quando chega a hora de se separar? Cada minuto é aproveitado ao máximo, conforme cresce a expectativa de que aquela associação na dimensão carnal logo deixará de existir. As palavras proferidas sob tais circunstâncias são sempre mais preciosas. De fato, foi só mesmo quando as coisas começaram a ficar mais difíceis que os discípulos de Cristo se mostraram preparados para assimilar o significado mais profundo da presença do Mestre com eles (Jo 16:4). Sem dúvida, isto explica por que os escritores dos evangelhos se sentiam impelidos a dedicar tanta atenção àqueles últimos dias. Metade de tudo que se registrou sobre Jesus aconteceu nos últimos meses de sua vida, e a maior parte disso, nas últimas semanas.

A trilha que Jesus seguiu durante sua vida foi retratada de forma definitiva nos dias que se seguiram à sua ressurreição. Um dado interessante é que todas as dez aparições de Cristo posteriores à ressurreição foram diante de seus discípulos, principalmente os apóstolos escolhidos.[3] Até onde mostra a Bíblia, nenhuma pessoa descrente sequer teve o privilégio de ver o Senhor glorificado. Na verdade, não há nada de estranho nisto. Não havia necessidade de agitar as multidões com a revelação espetacular de sua ressurreição. O que elas seriam capazes de fazer, caso soubessem? Mas os discípulos, que haviam fugido desesperados depois da crucificação, precisavam ter sua fé revitalizada, assim como era necessário reafirmar sua missão no mundo. Todo o ministério de Jesus envolvia a preparação dos apóstolos.

E foi assim que aconteceu. O tempo que Jesus investiu naqueles poucos discípulos era muito maior, em termos de comparação, como o que dedicou a outras pessoas. Isso só pode ser entendido como uma estratégia preestabelecida. Ele realmente passou mais tempo com seus discípulos do que com todas as outras pessoas juntas. O Mestre comia junto com eles, dormia nos mesmos lugares e conversava com os apóstolos na maior parte de todo o tempo de seu ministério. Eles caminharam juntos pelas estradas desertas; visitaram juntos as cidades mais populosas; navegaram e pescaram juntos no mar da Galiléia; oraram juntos nos desertos e nas montanhas; e louvaram a Deus juntos nas sinagogas e no templo.

Até quando ministrava às multidões

Outro fato que pode passar despercebido é que, até mesmo nos momentos em que Jesus estava ministrando às outras pessoas, os discípulos estavam sempre com ele: quando pregava às multidões que o pressionavam; quando discutia com os escribas e fariseus que buscavam várias maneiras de montar uma cilada; ou quando falava com algum mendigo que encontrava no caminho, os discípulos estavam o tempo todo por perto, observando e ouvindo. Desta forma, Jesus fazia com que seu tempo rendesse o dobro. Sem negligenciar sua missão básica de atender aqueles que se achavam em necessidade, ele manteve um ministério permanente em relação aos discípulos, à medida que os mantinha por perto. Desta maneira, eles se beneficiavam de tudo que Cristo dizia e fazia às outras pessoas, e ainda tinham o privilégio de ouvir explicações e conselhos exclusivos.

Leva tempo

Tal associação tão íntima e constante, naturalmente, significava que não sobrava nenhum tempo que Jesus pudesse considerar só seu. Como crianças que pedem a atenção dos pais sem parar, os discípulos estavam sempre *alugando* o Mestre. Até as horas que ele reservava para se afastar e fazer suas devoções pessoais eram interrompidas pelos seus seguidores (Mc 6:46-48; v. Lc 11:1). Mas era exatamente isso que Jesus queria: estar com eles. Eram seus filhos espirituais (Mc 10:24; Jo 13:33; 21:5), e o único modo de um pai cuidar de sua família é estando junto com ela.

O ACOMPANHAMENTO PESSOAL

Nada é mais importante e, ao mesmo tempo, mais negligenciado que a aplicação deste princípio: o discipulado, ou seja, o acompanhamento pessoal daquele que se converte. Por sua própria natureza, não chama muita atenção, e é possível mesmo que seja considerado banal. Ainda assim, Jesus não permitiria que seus discípulos deixassem escapar este aspecto tão importante. Durante os últimos dias de sua jornada, o Mestre sentiu uma necessidade especial de cristalizar em suas mentes o significado daquilo que ele estava fazendo. Por exemplo: certa vez, voltando-se para aqueles que o haviam seguido durante três anos, Jesus disse: "E vocês também testemunharão, pois estão comigo desde o princípio" (Jo 15:27). Sem fazer muito barulho, sem chamar demais a atenção, Jesus estava dizendo que havia treinado as pessoas para serem suas testemunhas depois que deixasse este mundo, e o método de que se utilizara para fazer aquilo se limitava a estar com elas. De fato, como Cristo dissera em outra ocasião, foi exatamente o fato de terem continuado na presença dele nos momentos mais difíceis que habilitou aqueles discípulos a se tornarem líderes no Reino Eterno, no qual poderiam "comer e beber" à sua mesa, e "sentar-se em tronos", julgando as doze tribos de Israel (Lc 22:28-30).

No entanto, seria um erro supor que este princípio do acompanhamento pessoal se restringia apenas ao grupo de apóstolos. Jesus concentrou-se naqueles poucos escolhidos, mas, em graus variados, demonstrou o mesmo interesse por outras pessoas que o seguiam. Por exemplo, ele foi até a casa de Zaqueu depois da conversão daquele homem, chefe dos publicanos, na rua principal de Jericó (Lc 19:7). Além disso, passou algum tempo com ele, antes de deixar a cidade. Depois da conversão da mulher junto da fonte de Samaria, Jesus permaneceu mais dois dias em Sicar para ensinar as pessoas daquela comunidade, as quais "creram nele por causa do [...] testemunho dado pela mulher". Por conta daquela associação pessoal com aquele povo, "muitos outros creram", não mais por intermédio do testemunho da mulher, mas porque ouviram elas mesmas o que o Mestre dizia (Jo 4:39-42).

Era comum alguém receber algum tipo de ajuda de Jesus e pedir para se unir à grande procissão que seguia o Filho de Deus. Uma dessas pessoas foi Bartimeu (Mc 10:52; Mt 20:34; Lc 18:43). De certa forma, muita gente se juntou à companhia dos apóstolos, como aconteceu com os Setenta que estavam com o Mestre no fim do ministério entre os judeus (Lc 10:1,17). Todos aqueles crentes receberam algum tipo de atenção pessoal, mas não dava para comparar com a dedicação reservada aos Doze.

É preciso destacar, também, aquele grupo de mulheres fiéis que ministraram ao Senhor com tudo de que dispunham, como Maria e Marta (Lc 10:38-42), Maria Madalena, Joana, Susana "e muitas outras" (Lc 8:1-3). Algumas delas ficaram com ele até o fim. Jesus certamente não recusava a bondade que demonstravam, e costumava aproveitar as oportunidades para fortalecê-las em sua fé. Contudo, tinha plena consciência dos preconceitos contra as mulheres, e embora recebesse de bom grado a assistência delas, evitou incorporá-las a seu grupo seleto de discípulos escolhidos. É importante reconhecer certas limitações que existem neste tipo de acompanhamento pessoal.

Mas, independentemente das regras de decoro, Jesus não tinha tempo para dedicar atenção constante àquelas pessoas, fossem elas homens ou mulheres. Ele fez o que pôde, e isto sem dúvida serviu para instilar nos discípulos a necessidade de cuidar pessoalmente dos novos convertidos. No entanto, Jesus precisava dedicar-se em primeiro lugar à tarefa de desenvolver alguns homens que, por sua vez, retribuiriam oferecendo este tipo de atenção especial às outras pessoas.

A Igreja em comunhão contínua

Como dedicar cuidado pessoal a todos os crentes? Este problema só pode ser resolvido depois da compreensão plena da natureza e da missão da Igreja. Neste ponto, é interessante destacar que o surgimento do conceito de Igreja — segundo o qual cada crente deve manter comunhão com os demais —, a partir de Jesus, equivalia a colocar em prática, numa dimensão mais ampla, a mesma relação que ele tinha com os Doze.[4] De fato, a igreja era o meio pelo qual Jesus podia fazer o acompanhamento daqueles que o seguiam. Ou seja, o grupo de crentes tornou-se o Corpo de Cristo, e foi nesta condição que ministraram uns aos outros, tanto em termos pessoais quanto coletivos.

Cada membro da comunidade da fé tinha uma tarefa a cumprir nesse ministério, mas só podiam fazer isto se fossem treinados e inspirados. Enquanto Jesus esteve com eles na carne, sempre foi o líder. No entanto, depois disso, era necessário que os membros da Igreja assumissem a liderança. Isto significava, mais uma vez, que Jesus teria de treiná-los para dar conta dessa tarefa, o que envolvia sua associação constante e pessoal com alguns escolhidos.

Nosso problema

Quando será que a Igreja aprenderá esta lição tão importante? Embora seja necessário pregar para as multidões, isto nunca será suficiente no trabalho de preparação de líderes para o evangelismo. Não serão os cultos de oração ou as aulas de treinamento para obreiros evangélicos que conseguirão cumprir essa tarefa por si só. Preparar as pessoas é difícil. Trata-se de algo que requer dedicação pessoal permanente, como aquela que um pai reserva aos próprios filhos. É algo que nenhuma organização ou sala de aula conseguirá fazer. Ninguém cria filhos por procuração. O exemplo de Jesus deveria nos mostrar que essa tarefa só pode ser executada por pessoas dispostas a se manter sempre junto daquelas que pretendem liderar.

É evidente que a Igreja falhou nessa questão, e de modo trágico. Fala-se muito sobre evangelismo e discipulado nas igrejas, mas há pouco interesse em envolvimento pessoal quando fica claro que esse trabalho envolve algum tipo de sacrifício. É claro que muitas igrejas insistem em levar os novos membros a freqüentar algum tipo de reunião de discipulado, que geralmente não passa de uma hora por semana durante um mês, mais ou menos. Porém, na maior parte do tempo, os recém-convertidos não estabelecem nenhum contato com algum programa elaborado de treinamento cristão, a não ser quando freqüentam os cultos de adoração da igreja ou alguma turma de escola dominical. A não ser que o novo cristão — se é que realmente foi salvo — tenha pais ou amigos que preencham essa lacuna, terá que se virar sozinho para descobrir as respostas de inúmeras questões práticas que confrontará na vida, e qualquer uma delas pode provocar uma tragédia em sua fé.

Com um processo tão deficiente de acompanhamento de novos convertidos, não é de se admirar que cerca de metade daqueles que passam a professar a fé e se unem à igreja se desviem ou percam o brilho da experiência cristã. Menos ainda são aqueles que crescem no conhecimento e na graça a ponto de se tornar pessoas de algum modo úteis na obra de Deus. Se tudo que uma igreja tem para desenvolver novos convertidos e transformá-los em discípulos maduros são os cultos de domingo e as aulas de escola dominical, então estão conspirando contra elas mesmas e minando seu senso de propósito. Agindo assim, elas contribuem para uma falsa sensação de segurança, e se as pessoas seguirem o mesmo exemplo de displicência, o resultado, em última análise, será mais prejudicial do que benéfico.

Não há nada que substitua o contato direto com as pessoas. É ridículo imaginar que qualquer outra coisa, a não ser um milagre,

ASSOCIAÇÃO

seja capaz de desenvolver uma forte liderança cristã. Afinal de contas, se Jesus, o Filho de Deus, achou que era necessário ficar praticamente o tempo todo com alguns de seus discípulos pelo período de três anos, e nenhum deles se perdeu, como pode uma igreja cumprir essa tarefa reunindo-se apenas alguns poucos dias do ano?

A APLICAÇÃO DO PRINCÍPIO NOS DIAS DE HOJE

A esta altura, a orientação de Jesus nos ensina de forma clara que, seja qual for o método de discipulado adotado pela igreja, ele precisa ser baseado numa preocupação com o cuidado pessoal dos novos convertidos. Agir de outra forma é, em essência, a mesma coisa que largar os novos crentes nas mãos do Diabo.

Isso significa que é necessário descobrir algum sistema por intermédio do qual todas as pessoas que se convertem passem a contar com um amigo cristão como referência, e cujos passos devam seguir até amadurecerem a ponto de poder passar a liderar outros novos convertidos. O conselheiro deve permanecer junto do novo convertido tanto quanto possível, estudando a Bíblia e orando com ele. Durante esse tempo, deve responder a todas as perguntas, esclarecendo a verdade e buscando servir os outros. Se uma igreja não conta com conselheiros comprometidos com a obra do Senhor, que se disponham a realizar esse serviço, então deve começar a treinar homens e mulheres para esta tarefa. E a única maneira de treiná-los é dando-lhes um líder a quem possam seguir.

Isto responde à pergunta: "Como se deve fazer isso?" Entretanto, é necessário compreender que esse método só pode alcançar os resultados esperados se os seguidores de Jesus colocarem em prática aquilo que aprenderam. Portanto, devemos considerar e compreender outro princípio básico da estratégia do Mestre.

Notas

[1] Alguns acadêmicos, como Henry Latham, defendiam que, mais do que a ordenação dos apóstolos, a preocupação maior de Jesus era com as multidões, ainda que, posteriormente, a ênfase passasse a ser com os discípulos, em especial os Doze (*op. cit.*, p. 188-269). Se este tipo de divisão tem base bíblica ou não, o fato mais evidente é que, com o tempo, Jesus dedicava-se cada vez mais ao grupo de apóstolos.

[2] No grego, "à distância de um arremesso de pedra". (N. do T.)

[3] Este fato foi reconhecido pelos discípulos, como demonstra a passagem em que Pedro diz: "Deus, porém, o ressuscitou no terceiro dia e fez que ele fosse visto, não por todo o povo, mas por testemunhas que designara de antemão, por nós que comemos e bebemos com ele depois que ressuscitou dos mortos" (At 10:40,41).

[4] Ao fazer esta correlação, é impossível deixar de destacar que as referências ao grupo de discípulos como uma instituição são muito mais freqüentes nos evangelhos do que as passagens que falam de discípulos em termos individuais. T. Ralph Morton vai mais além com esta analogia, e defende que muitas das referências individuais se referem a falhas cometidas por tais pessoas, ao passo que as alusões ao grupo geralmente estão relacionadas com situações de alegria, compreensão e realizações. Ao lembrar que esses relatos foram escritos pelos discípulos (sob inspiração divina), e não por Jesus, é muito significativo o fato de se referirem a si mesmos nesses termos (v. T. Ralph Morton. *op. cit.*, p. 24-30,103). É claro que, diante disso, seria um erro concluir que os discípulos não eram importantes em termos individuais. Não era esse o caso. Mas impressiona ver como os discípulos conseguiram compreender como o Senhor olhava para eles: um grupo coeso de crentes treinados juntos para a mesma missão. Por intermédio de Cristo, passaram a ver a si mesmos primeiramente como Igreja e, em segundo lugar, como pessoas que faziam parte deste Corpo.

3

Consagração

Tomem sobre vocês o meu jugo.
Mateus 11:29

ELE QUERIA OBEDIÊNCIA

Jesus esperava que as pessoas que andavam com ele fossem obedientes. Não precisavam ser espertas, mas tinham que ser leais. Esta se tornou a marca de distinção do grupo. Eram chamados "discípulos", ou seja, eram "alunos" ou "protegidos" do Mestre. Não demorou muito para que passassem a ser conhecidos como "cristãos" (At 11:26), embora isto fosse inevitável: com o tempo, seguidores obedientes invariavelmente assumem o caráter de seu líder.

A simplicidade desse tipo de postura é impressionante, espantosa até. A princípio, não se pedia a nenhum dos discípulos que fizesse uma declaração de fé ou aceitasse algum credo preestabelecido, ainda que todos reconhecessem, sem sombra de dúvida, que Jesus era o Messias (Jo 1:41,46,49; Lc 5:8). Naquele momento, tudo que precisavam fazer era seguir a Jesus. É claro que aquele convite inicial consistia numa convocação para que a pessoa colocasse sua confiança na pessoa de Cristo e passasse a obedecer à Palavra de Deus. Se este conceito não foi bem compreendido no princípio, seria assimilado com o tempo, conforme continuassem a acompanhar o Mestre. Ninguém segue uma pessoa na qual não confia, nem dá um passo de fé com sinceridade, a menos que esteja ansioso para obedecer àquilo que o líder disser.

O CAMINHO DA CRUZ

Numa primeira etapa, seguir a Jesus podia parecer fácil. Mas era apenas impressão, pois ainda não o haviam seguido por muito tempo. Logo ficou evidente que ser discípulo de Cristo envolvia muito mais do que aceitar alegremente a promessa messiânica: significava render a própria vida ao Mestre, em absoluta submissão diante de sua soberania. Não havia espaço para qualquer outro compromisso. "Nenhum servo pode servir a dois senhores; pois odiará um e amará outro, ou se dedicará a um e desprezará outro. Vocês não podem servir a Deus e ao Dinheiro" (Lc 16:13). Era imperativo deixar o pecado de forma definitiva. Os antigos conceitos, hábitos e prazeres mundanos deveriam ser submetidos às novas disciplinas do Reino de Deus (Mt 5:1-7:29; Lc 6:20-49). O amor, em sua expressão mais perfeita, passou a ser o único padrão de conduta (Mt 5:48), e deveria manifestar-se numa atitude de obediência a Cristo (Jo 14:21,23) e dedicação àqueles por cuja salvação ele morrera (Mt 25:31-36). Havia uma cruz a ser carregada: a negação de si mesmo em favor do próximo (Mc 8:34-38; 10:32-45; Mt 16:24-26; 20:17-28; Lc 9:23-25; Jo 12:25,26; 13:1-20).

Tratava-se de um ensinamento complexo, e muita gente não conseguia assimilar. As pessoas gostavam de ser incluídas entre os seguidores de Jesus quando lhes convinha, ou seja, quando o Mestre lhes enchia o estômago com pão e de peixe. Mas quando Jesus começou a falar das verdadeiras qualidades espirituais do Reino de Deus e do sacrifício necessário para alcançá-lo (Jo 6:25-59), "muitos dos seus discípulos voltaram atrás e deixaram de segui-lo" (Jo 6:66). Eles mesmos diziam: "Dura é essa palavra. Quem pode suportá-la?" (Jo 6:60) O mais surpreendente é que Jesus não

CONSAGRAÇÃO

saiu correndo atrás deles, tentando fazê-los mudar de idéia e continuar sendo seus seguidores. O Mestre estava treinando líderes para o Reino de Deus, e quem quisesse ser um instrumento útil para o serviço teria de pagar o preço.

RISCO CALCULADO

Assim, aqueles que não se dispunham a seguir Jesus e pagar o preço ficavam no caminho. Por causa de seu egoísmo, se separavam do grupo de discípulos escolhidos. Judas, apresentado como uma pessoa de caráter perverso (Jo 6:70), conseguiu *segurar a barra* por muito tempo, mas acabou tragado por sua ambição (Mc 14:10,11,43,44; Mt 26:14-16,47-50; Lc 22:3-6,47-49; Jo 18:2-9). Não dava para seguir Jesus durante todo o tempo de seu ministério sem se desprender das coisas do mundo, e aqueles que apenas fingiam assumir esta postura enfrentavam angústia e tragédia espiritual (Mt 27:3-10; At 1:18,19).

Talvez seja este o motivo que levou Jesus a falar de modo tão grave com o escriba que o procurou, garantindo: "Mestre, eu te seguirei por onde quer que fores". Jesus foi muito sincero ao dizer àquele potencial colaborador que o serviço não seria fácil. "As raposas têm suas tocas e as aves do céu têm seus ninhos, mas o Filho do homem não tem onde repousar a cabeça" (Mt 8:19,20; Lc 9:57,58). Outro discípulo queria ser liberado de sua obrigação de obediência imediata para poder cuidar de seu pai idoso, mas Jesus não podia admitir qualquer atraso. "Siga-me [...] Deixe que os mortos sepultem os seus próprios mortos; você, porém, vá e proclame o Reino de Deus", disse Jesus (Mt 8:21,22; Lc 9:59,60). Houve um homem que se propôs a seguir Jesus, desde que sob condições especiais. Primeiro, queria se despedir de seus familiares, talvez esperando uma festa em sua homenagem. Mas Jesus colocou as coisas em seus devidos lugares. "Ninguém que põe a mão no arado e olha para trás é apto para o Reino de Deus" (Lc 9:62). Jesus não tinha tempo a perder com pessoas que quisessem estabelecer as próprias condições para tornarem-se discípulos.

Foi por isso que um candidato a discípulo foi convidado a pesar os custos e benefícios. "Qual de vocês, se quiser construir uma torre, primeiro não se assenta e calcula o preço, para ver se tem dinheiro suficiente para completá-la?" (Lc 14:28). Quem deixa de fazer isso, mais adiante, acaba assumindo um papel ridículo diante do mundo. A mesma coisa pode ser dita de um rei em guerra que não avaliasse o preço a pagar pela conquista de uma vitória antes de começar a batalha. Resumindo de forma objetiva, Jesus afirmou: "Da mesma forma, qualquer de vocês que não renunciar a tudo o que possui não pode ser meu discípulo" (Lc 14:33; v. Mc 10:21; Mt 19:21; Lc 18:22).

POUCOS PAGAM O PREÇO

Na verdade, quando os oportunistas deixaram de seguir a Cristo em Cafarnaum porque ele não queria satisfazer às expectativas do povo, o Mestre só dispunha de um pequeno grupo de seguidores. Voltando-se então aos Doze, perguntou: "Vocês também não querem ir?" (Jo 6:67). Foi uma pergunta crucial. Se aqueles últimos homens desistissem de segui-lo, o que restaria do ministério de Jesus? Mas Simão Pedro respondeu: "Senhor, para quem iremos? Tu tens as palavras de vida eterna. Nós cremos e sabemos que és o Santo de Deus" (Jo 6:68,69). De fato, essas palavras do apóstolo Pedro devem ter sido tranqüilizadoras para o Mestre, pois dali em diante Jesus começou a falar mais com seus discípulos sobre seus sofrimentos e sua morte, e de maneira ainda mais franca.[1]

OBEDECER É APRENDER

Isso não significa, porém, que os discípulos entenderam com facilidade tudo que Jesus lhes dissera. Longe disso. Sua capacidade

CONSAGRAÇÃO

para assimilar as verdades mais profundas do ministério vicário do Senhor era obstruída pelas limitações da fragilidade humana. Depois da grande declaração de Pedro em Cesaréia de Filipe, quando Jesus disse aos discípulos que seria morto pelos líderes religiosos de Jerusalém, o apóstolo chegou a repreendê-lo, dizendo: "Nunca, Senhor! Isso nunca te acontecerá!" (Mt 16:22; v. Mc 8:32). Diante disso, Jesus se viu obrigado a dizer ao grande pescador que Satanás o estava enganando, porque o que falara era uma demonstração de que não estava pensando "nas coisas de Deus, mas nas dos homens" (Mt 16:23; Mc 8:33). E nem assim eles entenderam. Por muitas e muitas vezes, Jesus se viu obrigado a falar sobre sua morte e no significado dela para os discípulos, mas nada daquilo foi plenamente compreendido até o dia em que o Salvador foi traído e entregue nas mãos de seus inimigos.

É claro que, por demorar a compreender com clareza a mensagem da cruz, os discípulos também não entenderam, a princípio, seu próprio lugar no Reino de Deus. Era muito difícil para eles aceitar o conceito de servir uns aos outros em humildade (Lc 22:24-30; Jo 13:1-20). Por isso, discutiam entre si para saber qual deles seria o maior no Reino (Mc 9:33-37; Mt 18:1-5; Lc 9:46-48). Tiago e João queriam ocupar posições de destaque (Mc 10:35-37; Mt 20:20). Os outros dez apóstolos, demonstrando um espírito de inveja, ficaram indignados com tal atitude (Mc 10:41; Mt 20:24). Foram demasiadamente severos em seu julgamento sobre aqueles que não concordavam com o ministério de Jesus (Lc 9:51-54), e "repreendiam" os pais que traziam seus filhos para ser abençoados (Mc 10:13). É óbvio que o resultado prático do que significava seguir a Cristo não foi plenamente experimentado pelos discípulos.

Ainda assim, Jesus tolerou com paciência aquelas falhas humanas dos discípulos escolhidos, pois, apesar de tantas fraquezas, eles estavam dispostos a segui-lo. Houve um breve intervalo de tempo, depois da primeira convocação dos discípulos, durante o qual eles voltaram a pescar para ganhar a vida (Mc 1:16; Mt 4:18; Lc 5:2-5; v. Jo 1:35-42), mas não há registro de que isso tenha acontecido por causa de alguma atitude de desobediência. Só não haviam percebido ainda o propósito de Cristo para a vida de cada um deles em termos de liderança, ou ainda não haviam sido informados a respeito disso. Contudo, desde que Jesus aparecera pela primeira vez nos locais em que trabalhavam, convocando-os para o seguir e se tornar pescadores de homens, "deixando tudo, o seguiram" (Lc 5:11; v. Mt 4:22; Mc 1:20). Mais tarde, mesmo ainda tendo muito a aprender, eles podiam dizer que sua dedicação a Cristo continuava valendo (Mc 10:28; Mt 19:27; Lc 18:28). Na companhia de pessoas assim, Jesus era capaz de tolerar muitas coisas que diziam ou faziam por causa de sua imaturidade espiritual. O Mestre sabia que os apóstolos poderiam dominar esses defeitos, à medida que crescessem na graça e no conhecimento. A capacidade de assimilar o significado da revelação seria cada vez maior, desde que continuassem a pôr em prática toda a verdade que já haviam compreendido.

A obediência a Cristo era, portanto, o próprio recurso pelo qual aqueles que acompanhavam o Mestre aprendiam mais sobre a verdade. Ele não pedia que os discípulos seguissem o que não soubessem ser verdade, mas ninguém que o seguisse poderia ignorá-la (Jo 7:17). Assim, Jesus não levou seus discípulos a se comprometer com uma doutrina, mas com uma Pessoa que era o cerne desta mesma doutrina. Só se continuassem em sua Palavra é que poderiam conhecer a verdade (Jo 8:31,32).

PROVA DE AMOR

A obediência suprema foi considerada por Jesus como uma grande expressão de amor. Esta lição ganhou um destaque ainda maior às vésperas de sua morte. Quando os discípulos se reuniram em volta dele no cenáculo, depois da ceia pascal, disse Jesus: "Se vocês me amam, obedecerão aos meus mandamentos [...] Quem tem os meus mandamentos e lhes obedece, esse é o que me ama. Aquele que me ama será amado por meu Pai, e eu também o amarei e me revelarei a ele [...] Se alguém me ama, obedecerá à minha palavra. Meu Pai o amará, nós viremos a ele e faremos morada nele. Aquele que não me ama não obedece às minhas palavras. Estas palavras que vocês estão ouvindo não são minhas; são de meu Pai que me enviou [...] O meu mandamento é este: Amem-se uns aos outros como eu os amei [...] Vocês serão meus amigos, se fizerem o que eu lhes ordeno" (Jo 14:15,21, 23,24; 15:12,14).

JESUS DÁ O EXEMPLO

Naturalmente, a obediência absoluta à vontade de Deus foi o princípio que orientou a vida do próprio Jesus. Em sua natureza humana, ele permitia, o tempo todo, que a vontade do Deus Pai fosse realizada. Com isso, o Senhor pôde usar a vida do Deus Filho de forma plena, de acordo com seu propósito. Jesus falou sobre isso várias vezes: "A minha comida é fazer a vontade daquele que me enviou e concluir a sua obra" (Jo 4:34); "Não procuro agradar a mim mesmo, mas àquele que me enviou" (Jo 5:30; v. 6:38); "... assim como tenho obedecido aos mandamentos de meu Pai e em seu amor permaneço" (Jo 15:10; v. 17:4). Tudo isso poderia ser resumido no clamor de Jesus no Getsêmani: "Não seja feita a minha vontade, mas a tua" (Lc 22:42; v. Mc 14:36; Mt 26:39,42,44). A cruz foi nada menos do que o ponto mais alto do compromisso de Jesus em fazer a vontade do Pai. Mostrou, de uma vez por todas, que a obediência não poderia ser negligenciada: sempre foi um compromisso a ser cumprido por toda a vida.

Os líderes religiosos, mesmo com sua mentalidade mundana, estavam corretos ao declarar, em tom escarnecedor: "Salvou os outros, mas não é capaz de salvar a si mesmo!" (Mc 15:31; Mt 27:42; Lc 23:35). Naturalmente, ele não poderia salvar a si mesmo. Não foi para isso que ele veio ao mundo, mas para salvar o próprio mundo, "pois nem mesmo o Filho do homem veio para ser servido, mas para servir e dar a sua vida em resgate por muitos" (Mc 10:45; Mt 20:28). Ele veio para se oferecer como sacrifício vivo diante de Deus pelos pecados de todos os homens. Veio para morrer. Não havia outro modo de satisfazer a lei inviolável do Senhor.

Aquela cruz, que Jesus aceitara antecipadamente (Ap 13:8; v. At 2:32), fez de cada passo de seu ministério na Terra uma manifestação consciente de aceitação ao propósito eterno de Deus para sua vida. Por esta razão, quando o Mestre falava sobre obediência, referia-se a algo que ele mesmo encarnava, e os discípulos podiam ver em forma humana. Como Jesus afirmou: "Eu lhes dei o exemplo, para que vocês façam como lhes fiz. Digo-lhes verdadeiramente que nenhum escravo é maior do que o seu senhor, como também nenhum mensageiro é maior do que aquele que o enviou" (Jo 13:15-16). Ninguém poderia deixar de aprender esta lição. Assim como Cristo foi abençoado ao fazer a vontade do Pai, seus discípulos também seriam. Este é o único dever do servo. Foi o que aconteceu com Cristo, e nada menos do que isso poderia ser digno de seus discípulos (Lc 17:6-10; v. 8:21; Mc 3:35; Mt 12:50).

O PRINCÍPIO EM FOCO

Do ponto de vista da estratégia, no entanto, essa era a única maneira pela qual Jesus podia moldar as vidas dos discípulos em conformidade com sua Palavra. Sem obediência, eles não poderiam experimentar um desenvolvimento de caráter ou propósito. Se um pai deseja que os filhos sejam como ele, deve ensinar-lhes a obedecer.

Consagração

Devemos lembrar também que Jesus estava preparando homens que liderariam a Igreja na conquista do mundo, e ninguém pode liderar enquanto não aprender a se submeter. Desta maneira, Jesus separou aqueles que seriam os comandantes de seu exército e os lapidou durante seu ministério, desenvolvendo neles a necessidade de disciplina e respeito pela autoridade. Não poderia haver insubordinação contra sua liderança. Ninguém sabia mais do que Jesus que as forças satânicas das trevas que eles deveriam combater eram bem organizadas, e estavam equipadas para neutralizar qualquer esforço evangelístico, por menor que fosse. Os discípulos não conseguiriam vencer em astúcia os poderes demoníacos deste mundo se não aderissem incondicionalmente a Cristo, o único que conhecia a estratégia da vitória. Isto exigia obediência absoluta à vontade do Mestre, ainda que significasse a renúncia total a tudo que eram ou possuíam.

A aplicação do princípio nos dias de hoje

Precisamos aprender essa lição novamente. Não se pode negligenciar ou adiar as ordens de Cristo. Estamos participando de uma guerra que envolve questões de vida e morte. Cada dia de indiferença às nossas responsabilidades é um dia perdido para a causa de Cristo. Se já aprendemos, pelo menos, a verdade mais elementar do discipulado, com certeza sabemos que fomos chamados para ser servos de nosso Senhor e obedecer à sua Palavra. Não é nosso dever conjecturar os motivos de Deus, e sim, cumprir os seus mandamentos. A menos que haja essa dedicação a tudo aquilo que sabemos que ele deseja que façamos agora — ainda que nossa compreensão seja tão limitada —, é difícil dizer se conseguiremos progredir na comunhão com Jesus e no conhecimento de sua missão. Não há lugar, no Reino de Deus, para pessoas preguiçosas, pois este tipo de atitude não apenas impede qualquer desenvolvimento na graça e no conhecimento, como também destrói qualquer eficácia no campo de batalha do evangelismo mundial.

Podemos questionar: por que há tantas pessoas que professam o cristianismo hoje em dia tão atrofiadas em seu crescimento espiritual e ineficazes em seu testemunho cristão? Colocando esta pergunta num contexto mais amplo, por que a Igreja de hoje é tão fraca em seu testemunho ao mundo? Será que o motivo é a indiferença geral, tanto entre os pastores quanto entre os leigos, em relação aos mandamentos de Deus? Ou será, no mínimo, uma espécie de complacência com a mediocridade? Onde está a obediência revelada na cruz? De fato, até parece que os ensinos de Cristo sobre a renúncia e a dedicação foram substituídos por um tipo de filosofia respeitável e conveniente, baseada no seguinte princípio: "Faça aquilo que mais lhe agrade".

A grande tragédia é que pouco se faz para corrigir essa situação, até mesmo por aqueles que conseguem percebê-la. Sem dúvida, a necessidade mais urgente não é a de se desesperar, mas de agir. Está mais do que na hora de fazer do genuíno discipulado cristão o requisito fundamental para que uma pessoa possa ser considerada membro de uma igreja. Mas esta ação, por si só, não é suficiente. Seguidores de Jesus precisam de líderes, e isto quer dizer que, antes de muita coisa ser feita com os membros das igrejas, algo precisa acontecer entre as lideranças. Se esta tarefa parece grande demais, então devemos começar da mesma maneira que Jesus fez, escolhendo algumas pessoas e instilando nelas o conceito da obediência. Quando este princípio é colocado em prática, podemos nos desenvolver plenamente, de acordo com o próximo passo da estratégia de conquista do Mestre.

NOTAS

[1] Pelo menos dezesseis vezes antes de ser preso pelos soldados romanos, Jesus falou sobre seus sofrimentos e sua morte. Suas primeiras referências ao assunto eram

CONSAGRAÇÃO

cercadas de mistério, ainda que as implicações fossem claras: a comparação entre seu corpo e a destruição do templo (Jo 2:19); a referência ao Filho do homem ser erguido como a serpente de bronze (Jo 3:14); uma preocupação importante com o dia em que ele, o Noivo, seria arrebatado (Mc 2:20; Mt 9:15; Lc 5:35); a analogia entre Jesus e o pão da vida, que seria partido e consumido (Jo 6:51-58); e talvez uma referência ao sinal do profeta Jonas (Mt 16:4). Depois da afirmação ousada de Pedro em Cesaréia de Filipe, Jesus começou a mostrar a seus discípulos, de modo ainda mais contundente, que "era necessário que o Filho do homem sofresse muitas coisas e fosse rejeitado pelos líderes religiosos, pelos chefes dos sacerdotes e pelos mestres da lei, fosse morto e três dias depois ressuscitasse" (Mc 8:31; Mt 16:21; Lc 9:22). Depois daquele episódio, o Mestre revelou mais detalhes sobre sua morte e sua ressurreição quando passava pela Galiléia com os discípulos (Mc 9:30-32; Mt 17:22-23; Lc 9:43-45); e mais uma vez, em sua última viagem a Jerusalém, depois de ministrar na região da Peréia (Mc 10:33,34; Mt 20:18,19; Lc 18:32,33). Sua morte foi o tema de sua conversa com Moisés e Elias, no monte da transfiguração (Lc 9:31). Ela também estava implícita em seu comentário sobre o fato de que não convinha que algum profeta morresse longe de Jerusalém (Lc 13:33), bem como a referência ao sofrimento e à rejeição do povo, antes de seu retorno em glória (Lc 17:25). Jesus comparou-se a um bom pastor, o qual "dá a sua vida pelas ovelhas" (Jo 10:11,18), assim como a um grão de trigo, que cai no solo e morre antes de poder produzir fruto (Jo 12:24). Poucos dias antes da última Páscoa, Jesus voltou a lembrar seus discípulos que ele seria "entregue para ser crucificado" (Mt 26:2). No mesmo dia, mais tarde, na casa do leproso Simão, o Mestre explicou que o óleo precioso que Maria derramou sobre seus pés era uma preparação para o sepultamento (Mc 14:8; Mt 26:12). Por último, na ocasião da última ceia na companhia dos discípulos, o Senhor falou sobre os sofrimentos que estavam por vir (Lc 22:15), e então deu início ao ritual memorial de sua morte, comendo pão e bebendo vinho (Mc 14:22-25; Mt 26:26-39; Lc 22:17-20).

4

Transmissão

Recebam o Espírito Santo.
João 20:22

ELE DEU A SI MESMO

Jesus queria que seus seguidores o obedecessem. Mas ele percebeu que, quando aprendessem esta verdade, seus discípulos descobririam uma experiência mais profunda com seu Espírito. Ao receber o Espírito Santo, conheceriam melhor o amor de Deus por um mundo perdido — daí suas exigências no que se refere à disciplina serem aceitas sem discussão. Os discípulos entenderam que não estavam apenas obedecendo a uma regra, mas também retribuindo o amor do Mestre, o qual estava disposto a dar sua vida por eles.

A vida de Jesus sempre foi uma manifestação de generosidade, dando a si mesmo — ele entregava aquilo que o Pai lhe dera (Jo 15:15; 17:4,8,14). Ele deu sua paz, por meio da qual mantinha-se, mesmo sofrendo tribulações (Jo 16:33; v. Mt 11:28). Ele deu sua alegria, com a qual ele trabalhava em meio a sofrimentos e tristezas que o cercavam (Jo 15:11; 17:13). Ele deu as chaves do seu Reino, sobre o qual os poderes do inferno jamais poderiam prevalecer (Mt 16:19; v. Lc 12:32). De fato, deu a própria glória, que era sua antes que os mundos passassem a existir, a fim de que todos pudessem ser um, tal como ele mesmo era um com o Pai (Jo 17:22,24). Jesus deu tudo que tinha. Nada foi retido, nem mesmo sua própria vida.

Assim é o amor. Sempre oferece a si mesmo. Mas, quando é retido, já não é mais amor verdadeiro. Neste sentido, Jesus expôs claramente, diante de seus seguidores, o sentido de suas palavras quando afirmou: "Deus tanto amou o mundo..." (Jo 3:16). Estas palavras significam que Deus entregou tudo quanto possuía àqueles que amava, incluindo seu próprio "Filho Unigênito". E, para o Filho, encarnar este amor significava renunciar seu direito de viver e dar sua vida em favor do mundo (Mt 20:28). Somente à luz desta idéia — a de que o Filho de Deus se colocou no lugar do mundo — poderemos começar a compreender o significado da cruz. A partir desta percepção, a cruz de Cristo é inevitável, pois o amor infinito de Deus só pode ser expresso devidamente de forma infinita. Assim como o homem deveria morrer por causa de seu pecado, Deus, por causa de seu amor, também precisou enviar seu Filho para que morresse em nosso lugar. "Ninguém tem maior amor do que aquele que dá a sua vida pelos seus amigos" (Jo 15:13).

O EVANGELISMO COMO COMPULSÃO

É por essa razão que Jesus não perdia nenhuma oportunidade de instilar em seus discípulos uma compulsão profunda de sua própria alma, que ardia com o amor de Deus por este mundo perdido. Tudo quanto Jesus fez ou disse foi motivado por esta paixão consumidora. A vida de Cristo foi simplesmente a revelação histórica dos propósitos eternos do Senhor de salvar um povo para ele mesmo. Sobre todas as coisas, era isso que os discípulos precisavam aprender, não em teoria, mas na prática.

E testemunharam essas coisas sendo colocadas em prática de várias maneiras diante deles, dia após dia. Embora essas demonstrações com freqüência fossem difíceis de ser assimiladas, como quando Jesus lavou os pés dos apóstolos (Jo 13:1-20), era impossível deixar de compreender o que o Mestre queria ensinar. Viram como ele abriu mão de muitos dos confortos e prazeres do mundo, tornando-se um servo entre eles. Testemunharam como aquelas coisas de que desfrutavam — satisfação física, aclamação popular, prestígio — eram rejeitadas pelo Senhor, ao passo que as coisas das quais eles tentavam escapar — pobreza, humilhação, tristeza e até a própria morte — foram aceitas de modo espontâneo, por amor a eles. Enquanto o observavam ministrando aos enfermos, consolando os aflitos e pregando o Evangelho aos pobres, ficava bastante claro que o Mestre não considerava nenhum serviço pequeno demais, assim como nenhum sacrifício era grande demais, desde que seu objetivo fosse a glória de Deus. Pode ser que eles nem sempre tenham compreendido isso, e com certeza não poderiam explicar, mas não havia como errar.

A SANTIFICAÇÃO

A renovação constante de sua consagração a Deus, manifestada na disposição de servir ao próximo em amor, constituiu a santificação de Jesus. Isto se revela com clareza em sua oração sacerdotal, quando ele diz: "Assim como me enviaste ao mundo, eu os enviei ao mundo. Em favor deles eu me santifico, para que também eles sejam santificados pela verdade" (Jo 17:18,19). Perceba que, no caso de Jesus, esta separação que ele faz de si mesmo para servir a Deus, indicada na palavra "santifico", não tinha relação com o sentido de purificação, pois ele sempre foi puro, sem pecado. Também não era necessário para receber poder para servir, uma vez que Cristo já tinha todo o poder que quisesse usar. Como o contexto revela, sua santificação tinha mais a ver com o compromisso de cumprir a tarefa para a qual havia sido enviado ao mundo,[1] e por se dedicar ao propósito de evangelizar, ele deu sua vida "em favor deles".

Portanto, a santificação não tinha o propósito de beneficiá-lo diretamente, mas a seus discípulos, que deviam ser "santificados pela verdade".[2] Ou seja, ao dar-se ao Senhor, Jesus deu-se àqueles que o seguiam, de maneira que, por intermédio da vida do Mestre, pudessem ter um compromisso similar com a missão para a qual ele havia sido enviado ao mundo. Seu plano evangelístico, como um todo, dependia desta dedicação, assim como da fidelidade com a qual seus discípulos deram a si mesmos em amor ao mundo à sua volta.

AS CREDENCIAIS DO MINISTÉRIO

Essa deveria ser a medida pela qual os discípulos avaliariam suas realizações em nome de Cristo. A expectativa era de que fossem capazes de dar de forma tão liberal quanto haviam recebido (Mt 10:8). Deveriam amar-se uns aos outros, tal como Jesus os amara (Jo 13:34,35). Esta peculiaridade os credenciaria como discípulos (Jo 15:9,10). Nela se resumiam todos os mandamentos (Jo 15:12,17; v. Mt 22:37-40; Mc 12:30-31; Lc 10:27). O amor — manifestado no Calvário — era o padrão. Da mesma maneira que o haviam contemplado em Cristo durante três anos, os discípulos deveriam dedicar-se àqueles a quem o Pai amava, e por quem o Mestre morrera (Jo 17:23).

Essa demonstração de amor, por intermédio dos discípulos, deveria servir de testemunho para que o mundo reconhecesse a veracidade do Evangelho. De que outra forma as multidões poderiam ser convencidas? O amor é a única maneira de conquistar a reação espontânea das pessoas, e isto só é possível pela presença de Cristo dentro do coração. Foi por isso que Jesus orou: "Pai justo, embora o mundo não te conheça, eu te conheço, e estes sabem que me enviaste. Eu os fiz conhecer o teu nome, e continuarei a fazê-lo, a fim de que o amor que tens por mim esteja neles, e eu neles esteja" (Jo 17:25,26).

A OBRA DO ESPÍRITO SANTO

Ninguém imagina, porém, que esse tipo de experiência com Jesus Cristo possa ser elaborada a partir da criatividade humana. Jesus deixou muito claro que sua vida só poderia ser mediada pelo Espírito Santo. "O Espírito dá vida; a carne não produz nada que se aproveite. As palavras que eu lhes disse são espírito e vida" (Jo 6:63). É por isso que, até mesmo para começar a viver em Cristo, é necessário nascer de novo (Jo 3:3-9). A natureza corrompida do homem precisa passar por um processo de regeneração, operada pelo Espírito de Deus, antes de estar segundo o verdadeiro propósito de Deus, à imagem divina. Da mesma maneira, foi o Espírito que sustentou e nutriu a vida transformada dos discípulos, à medida que eles cresciam em conhecimento e graça (Jo 4:14; 7:38,39). Através da atuação do mesmo Espírito Santo é que uma pessoa pode ser purificada pela Palavra e separada para o santo serviço de Deus (Jo 15:3; 17:17; v. Ef 5:26). Desde o princípio até o fim, experimentar o Cristo vivo, em qualquer dimensão pessoal, era a obra do Espírito Santo.

Justamente por isso, somente o Espírito de Deus capacita as pessoas a cumprir a missão redentora do evangelismo. Jesus destacou esta verdade desde o começo, em relação à própria obra, ao declarar que tudo quanto fazia era em cooperação com "o Espírito do Senhor". Era por meio da virtude do Espírito que Jesus pregava o Evangelho aos pobres, curava as pessoas de coração quebrantado, proclamava libertação aos cativos, abria os olhos aos cegos, expulsava demônios e punha os oprimidos em liberdade (Lc 4:18; Mt 12:28). Jesus era Deus revelado, mas o Espírito Santo era Deus operando. O Espírito Santo era o agente de Deus, efetivamente colocando o plano eterno da salvação em funcionamento, por intermédio dos seres humanos.

Foi por isso que Jesus explicou aos discípulos que o Espírito prepararia o caminho para o ministério confiado a eles, dando eloqüência quando tivessem que falar (Mt 10:19-20; Mc 13:11;

Lc 12:12). Ele convenceria o mundo "do pecado, da justiça e do juízo" (Jo 16:8). Ele iluminaria a verdade para que os homens pudessem vir a conhecer o Senhor (Mt 22:43; v. Mc 12:36; Jo 16:14). Pelo poder do Espírito Santo, os discípulos receberam a promessa de ser capacitados para operar as mesmas obras do Mestre (Jo 14:12).[3] À luz dessas verdades, o evangelismo não poderia ser interpretado como um empreendimento humano, e sim como um projeto divino, colocado em ação desde o início, e que continuaria até que o propósito de Deus fosse cumprido. Tudo fazia parte da obra do Espírito Santo. Os discípulos só precisariam permitir que ele tivesse controle completo de suas vidas.

OUTRO CONSOLADOR

Do ponto de vista da própria satisfação, no entanto, os discípulos precisavam aprender, de forma ainda mais significativa, a relação entre o Espírito Santo e a pessoa de Jesus Cristo. É claro que o Salvador reconhecia essa necessidade, e por isso falou mais especificamente sobre isso nos últimos dias de sua vida na Terra. Até aquele ponto, Jesus sempre estivera com eles. Tinha sido seu Consolador, seu Professor e seu Guia. Na companhia dele, os discípulos foram incentivados e fortalecidos. Com o Mestre por perto, sentiam como se não houvesse nada impossível. Só que eles tinham um problema: Jesus logo voltaria para o céu. Diante dessas circunstâncias, o Salvador precisava esclarecer como conseguiriam passar sem ele, depois que fosse embora.

Foi nesse momento que Jesus contou a eles sobre o Espírito Santo, a quem se referiu como "outro Conselheiro",[4] um Advogado, alguém que ficaria ao lado deles, uma Pessoa que assumiria exatamente o mesmo lugar com eles, na dimensão invisível, que Jesus ocupara na experiência visível da carne (Jo 14:16). Da mesma maneira que o Filho de Deus ministrara a eles durante três anos, agora o Espírito Santo os guiaria em toda a verdade

(Jo 16:13). O Espírito Santo mostraria as coisas que ainda estavam por acontecer (Jo 16:13); ensinaria tudo que precisassem saber (Jo 14:12,13; 16:23,24); enfim, glorificaria ao Filho, ao tornar as coisas relativas a Cristo reais aos seus seguidores (Jo 16:14,15). O mundo não tinha condições de assimilar esta verdade, pois não conhecia Jesus; mas os discípulos o conheciam, porque havia estado com eles, e na pessoa do Espírito Santo, continuaria com eles para sempre (Jo 14:17).

Não era apenas uma teoria, um credo ou alguma solução improvisada. Jesus estava falando da promessa de uma compensação adequada à perda que os discípulos teriam. "Outro Conselheiro" igual a Jesus os encheria da própria presença do Mestre. De fato, os privilégios que os discípulos passariam a ter nessa relação mais profunda com o Espírito Santo eram maiores do que aqueles que tinham conhecido quando Jesus andava com eles pelas estradas da Galiléia. Afinal de contas, em carne, Jesus estava limitado a um corpo e a um lugar. Por outro lado, no Espírito, essas limitações foram inteiramente removidas. Agora o Mestre poderia estar sempre com os discípulos. Literalmente, seria capaz de não deixá-los nem abandoná-los jamais (Mt 28:20; v. Jo 14:16). Olhando a partir desta perspectiva, era melhor para Jesus, uma vez terminada sua obra, retornar ao Pai e enviar o bendito Conselheiro para vir à Terra e assumir o seu lugar (Jo 16:7).

O SEGREDO DA VIDA VITORIOSA

Assim sendo, é fácil entender o motivo pelo qual Jesus esperava que seus discípulos ficassem em Jerusalém até que essa promessa se tornasse uma realidade diante deles (Lc 24:49; At 1:4,5,8; 2:33). De que outro modo poderiam cumprir a comissão que receberam de seu Senhor com alegria e paz no coração? Precisavam de uma experiência tão autêntica com Cristo que as suas vidas ficassem cheias de sua presença. O evangelismo estava para se transformar numa compulsão ardente dentro de seus corações, purificando seus desejos e orientando seus pensamentos. Para isso, era necessário nada menos que um batismo pessoal do Espírito Santo. O trabalho sobre-humano para o qual haviam sido convocados exigia ajuda sobrenatural: a transmissão de poder vindo do alto. Isto significava que os discípulos, por meio da confissão de seu orgulho tão arraigado e de sua inimizade, em total renúncia e entrega a Cristo, teriam, pela fé, de passar por uma experiência nova e mais intensa da presença do Espírito Santo.[5]

O fato de aqueles homens fazerem parte do estrato social mais simples não era, de forma alguma, um empecilho Apenas serviu para lembrar-nos do poder grandioso do Espírito de Deus, que faz cumprir seu propósito em homens totalmente submissos a ele. Afinal de contas, o poder está no Espírito de Cristo. Não se trata de quem somos, mas de quem ele é. É isto que faz a diferença.

UMA VERDADE OCULTA

De qualquer forma, é interessante comentar mais uma vez que somente aqueles que seguiram Jesus durante todo o seu ministério conheceram a glória desta experiência. Os que o seguiam à distância, assim como as multidões e aqueles que se negavam terminantemente a andar na luz de sua Palavra, a exemplo dos fariseus, nem sequer ouviram falar na obra do Consolador bendito. Como vimos anteriormente, Jesus jamais lançou suas pérolas diante daqueles que não as queriam.[6]

Foi isso que caracterizou seu ensino durante toda a vida. Intencionalmente, Jesus reservou seus ensinos mais reveladores para aqueles poucos discípulos escolhidos, e em especial para os Doze (Lc 10:22; Mt 11:27; v. 16:17). De fato, os olhos e ouvidos dos apóstolos eram abençoados. Muitos profetas e monarcas tinham desejado ver as coisas que eles viam, e ouvir as coisas que eles ouviam, mas não puderam (Mt 13:16,17; Lc 10:23,24; v. Mt 13:10,11; Mc 4:10,11; Lc 8:9,10). Esta postura pode parecer estranha, até percebermos, mais uma vez, que Jesus estava deliberadamente investindo tudo que tinha naqueles poucos homens a fim de que pudessem ser devidamente preparados para cumprir a tarefa que o Senhor lhes daria.

A APLICAÇÃO DO PRINCÍPIO NOS DIAS DE HOJE

Tudo isso se mobiliza em torno da pessoa do Mestre. Basicamente, seu caminho era sua vida. E é assim que deve ser para seus seguidores. Precisamos da vida de Cristo em nós, por intermédio do Espírito Santo, se queremos mesmo realizar sua obra e colocar em prática seus ensinamentos. Qualquer obra evangelística que prescinda disto é tão carente de vida quanto de sentido. Somente quando o Espírito de Cristo em nós exalta ao Filho é que as pessoas são atraídas ao Pai.

É claro que não podemos dar aos outros algo que nós mesmos não possuímos. A própria capacidade de abrir mão de nossa vida por amor a Cristo é prova dessa posse. Também não podemos reter aquilo que possuímos no Espírito de Cristo, e ainda assim continuar guardando esse tesouro. O Espírito de Deus sempre insiste em fazer Cristo conhecido. Aqui está o grande paradoxo da vida: precisamos morrer para nós mesmos a fim de viver em Cristo; e nesta renúncia a nós mesmos, precisamos nos dedicar em serviço e devoção ao Senhor. Este era o método de evangelismo utilizado por Jesus, a princípio testemunhado apenas por seus poucos seguidores. Por meio deles, porém, se transformaria no poder de Deus na vitória sobre o mundo.

Mas não podemos parar neste ponto. Também é necessário que vejamos em nós uma demonstração clara do modo de viver a vida de Cristo. Assim, precisamos entender outro aspecto óbvio da estratégia que Jesus usou com seus discípulos.

Notas

[1] A palavra "santificação" também é usada referindo-se a Jesus em João 10:36, onde mais uma vez a idéia de sua aplicação é basicamente evangelística.

[2] As conjugações do verbo "santificar" revelam uma diferença importante entre a santificação de Jesus e a de seus discípulos. Em relação ao Mestre, está no presente do indicativo, sugerindo uma condição permanente ("Eu continuo me santificando"). Por outro lado, quando Jesus se refere a seus discípulos na frase seguinte, o faz no presente do subjuntivo, gerando uma construção próxima à paráfrase. Isto significa que há uma crise permanente de compromisso na santificação dos discípulos, embora a ênfase ainda seja bem maior sobre o resultado contínuo dessa crise. Uma interpretação livre e mais ampla desta passagem em João 17:19 afirma: "Em favor deles, eu permaneço — o tempo todo — renovando meu compromisso para a obra de evangelismo, e estou pronto a fazer todo sacrifício necessário para cumprir o propósito de Deus para minha vida. E por saber que não existe nada igual para manter a obra de Deus em ação no futuro, peço o mesmo de vocês. Eu os orientei a sair de onde estão para realizarem minha obra, mas antes vocês terão que sentir a mesma compaixão que sinto pelo mundo perdido. Terão que assumir um compromisso completo, envolvendo tudo que são e possuem no plano de Deus para a evangelização do mundo. E precisarão manter este compromisso a cada dia de suas vidas." Creio que esta dedicação tão profunda pode fazer mais pela evangelização do mundo do que qualquer outra coisa. Certamente, trata-se de uma dimensão da vida santificada que precisa de uma ênfase ainda maior.

[3] Uma aplicação deste versículo em João 14:12 em relação ao evangelismo pode ser complicada de compreender, pois não apenas afirma que os discípulos fariam as mesmas obras de Cristo, como também diz que fariam coisas ainda maiores porque Jesus estava voltando para o Pai. Lida desta maneira, essa passagem bíblica nos ensinaria que os discípulos, no poder do Espírito Santo, seriam capazes de fazer tudo o que seu Senhor tinha feito — que já era muita coisa — e ainda mais. O objetivo daquelas grandes façanhas, Jesus não disse, mas com base em Atos dos Apóstolos, podemos inferir que era o evangelismo. Na pior das hipóteses, a respeito disso, os discípulos realmente alcançaram mais resultados do que Jesus. De fato, em um único dia, o de Pentecoste, mais pessoas se juntaram à Igreja do que durante os três anos do ministério de Jesus.

[4] A palavra "outro", neste caso, tem um significado peculiar no original grego. Não é a palavra usada para comprar dois objetos de qualidade diferente, mas o termo empregado na comparação de duas coisas da mesma qualidade básica. A diferença era apenas na pessoa. Portanto, o valor dessa palavra está no fato de ela identificar a qualidade do Espírito com a do Deus Filho encarnado. Apesar de ser uma Pessoa diferente, o Espírito é exatamente como Jesus, no que se refere a seu ministério com os discípulos. Veja Campbell MORGAN. *The teaching of Christ* [*O ensino de Cristo*] (Nova York: Revell, 1913, p. 65). Uma ótima abordagem ao ensino de Jesus sobre a obra do Espírito Santo pode ser encontrada em *The teaching of Jesus concerning the Holy Spirit* [*O ensino de Jesus a respeito do Espírito Santo*], de Louis Burton Crane (Nova York: American Tract Society, 1995), e em *The Holy Spirit in the Gospels* [*O Espírito Santo nos evangelhos*], de J. Ritchie Smith (Nova York: Macmillan, 1926).

[5]Esta promessa se cumpriu para os discípulos no dia de Pentecostes (At 2:4). No entanto, não terminou ali. Por várias vezes, Lucas chama a nossa atenção para o preenchimento operado pelo Espírito Santo, que era uma experiência permanente e sustentadora da Igreja primitiva (At 4:8,31; 6:3,5; 7:55; 9:17; 11:24; 13:9,52). Diante disso, é evidente que a vida cheia do Espírito, na Igreja primitiva, era a norma da experiência cristã, embora não fosse uma realidade com todos os crentes. É por isso, por exemplo, que Paulo foi impelido a exortar aos efésios desta forma: "Deixem-se encher pelo Espírito" (Ef 5:18). Sobre esta relação, é aconselhável ler *The tongue of fire* [*A língua de fogo*], de William Arthur (Londres: The Epworth, 1956); *A plain account of christian perfection* [*Um relato franco da perfeição cristã*], de John Wesley (Londres: Epworth); *The way to Pentecost* [*O caminho para o Pentecoste*], de Samuel Chadwick (Nova York: Fleming H. Revell, 1932); "Be filled with the Spirit" ["Seja cheio do Espírito"], de Charles G. Finney. *In Revival Lectures* (Nova York: Fleming H. Revell, 1958; *The full blessing of Pentecost* [*A bênção completa do Penstecoste*], de Andrew Murray (Londres: Oliphants, 1954; *When the Holy Ghost is come* [*Quando o Espírito Santo chegou*], de Samuel Logan Brengle (Nova York: Salvation Army, 1911); *The baptism with the Holy Spirit* [*O batismo com o Espírito Santo*], de R.A. Torrey (Nova York: Fleming H. Revell, 1895); *They found the secret* [*Eles descobriram o segredo*], de V.R. Edman (Grand Rapids, Zondervan, 1960); e o sermão "How to be filled with the Holy Spirit" ["Como ser cheio do Espírito Santo"], por Billy Graham, *in* Revival in Our Time (Wheaton: VanKampen, 1950). Isso só para citar algumas das abordagens mais populares sobre este assunto. A terminologia usada para descrever esta experiência pode variar, dependendo da perspectiva teológica de cada um, mas um estudo da História Cristã revela que a realidade dessa experiência, seja qual for o modo de defini-la, é a mesma para aqueles que têm sido grandemente usados por Deus na tarefa de fazer o Evangelho relevante para outras pessoas.

[6]Um bom exemplo disso é o famoso Sermão do Monte (Mt 5:3; 7:27; Lc 6:20-49). O público principal não era a multidão desatenta, embora ela também o tenha ouvido (Mt 7:28,29). Ao contrário, aquela declaração sublime sobre a moral e a conduta ética do Reino era dirigida àqueles poucos seguidores mais próximos que podiam apreciá-la. "Vendo as multidões, Jesus subiu ao monte e se assentou. Seus discípulos aproximaram-se dele, e ele começou a ensiná-los" (Mt 5:1,2; v. Lc 6:17-20). Talvez a mais notável ilustração sobre o modo deliberado como Jesus evitava ensinar aqueles que não queriam ouvi-lo é a maneira como guardou para si sua própria associação com a promessa messiânica. Embora tenha feito esta reivindicação desde o começo do ministério entre seus amigos (Jo 4:25,26,42), e mesmo tendo permitido que eles afirmassem aquela verdade desde o começo (Jo 1:41,45,49), não há nenhum registro revelando que ele tenha declarado ser o Messias para os mestres da lei religiosa de Jerusalém até o momento de seu julgamento — mesmo assim só depois que o sumo sacerdote perguntou explicitamente se ele era o Cristo (Mc 14:61,62; Mt 26:63,64).

5

Demonstração

Eu lhes dei o exemplo.
João 13:15

JESUS MOSTROU COMO SE DEVE VIVER

Jesus providenciou para que os discípulos aprendessem sua maneira de viver diante de Deus e dos homens. Ele reconhecia que não bastava atrair as pessoas à sua comunhão espiritual. Seus discípulos precisavam saber como a experiência de conviver com o Mestre deveria ser conservada e compartilhada, e assim, perpetuada por meio do evangelismo. É claro que, tecnicamente falando, a vida precede a ação, mas sob um ponto de vista absolutamente prático, vivemos pelo que fazemos. Para que uma pessoa se desenvolva fisicamente, ela precisa respirar, comer, fazer exercícios e trabalhar normalmente. Quando alguma dessas funções é negligenciada, a vida deixa de existir. É por isso que o esforço de Jesus para fazer seus seguidores apreender os segredos de sua influência espiritual deve ser considerado um curso predeterminado de sua estratégia maior. Ele sabia o que era importante.

A PRÁTICA DA ORAÇÃO

Tomemos como exemplo a vida de oração de Jesus. Sem dúvida, não era por acaso que Jesus costumava permitir que seus discípulos o vissem conversando com o Deus Pai.[1] Assim, eles podiam ver a força da oração na vida de Jesus, e embora não pudessem entender bem tudo que estava acontecendo, perceberam que tal prática era parte do segredo de sua vida. Note que Jesus não forçou os discípulos a aceitar a lição. Pelo contrário, continuou orando até que os discípulos ficassem tão desejosos a ponto de pedir ao Mestre que ensinasse a eles o que estava fazendo.

Aproveitando as oportunidades quando elas surgiam, Jesus passou a ensinar aos discípulos uma lição que seus corações já estavam prontos para assimilar. O Mestre explicou-lhes alguns dos princípios mais fundamentais da oração, e antes de terminar de ministrar, ilustrou o que queria dizer repetindo diante deles uma oração modelo (Lc 11:1-11; Mt 6:9-13). Alguém poderia dizer que aquela prática estava abaixo das capacidades daqueles discípulos — a idéia de ser necessário colocar palavras em seus lábios para induzi-los a orar —, mas Jesus não trataria um assunto tão importante com negligência. De fato, esses métodos básicos de ensino costumam ser necessários para que as pessoas sejam iniciadas na disciplina da oração. Porém, sem se importar com o preço que teria que pagar, Jesus estava determinado a ensinar bem essa lição.

A partir dali, Jesus enfatizou várias vezes a importância da vida de oração nas conversas com os discípulos, ampliando aos poucos seu significado e sua aplicação à medida que eles se mostravam aptos a compreender as realidades mais profundas do Espírito. Tratava-se de parte indispensável do treinamento. Os apóstolos, por sua vez, deveriam transmitir aquelas verdades a outras pessoas. Uma coisa é certa: a não ser que eles assimilassem o significado da oração e aprendessem a colocá-la em prática de forma regular, suas vidas não produziriam muitos frutos.

Usando as Escrituras

Outro aspecto da vida de Jesus que ficou bastante claro diante de seus discípulos foi a importância e a utilidade das Escrituras

Sagradas.[2] Isto se evidenciava tanto na manutenção de sua devoção pessoal quando na hora de ganhar pessoas para o Reino. Jesus fazia o possível para convencer seus seguidores da importância de algumas passagens da Bíblia, e nunca deixou de fazer uso das Escrituras em suas conversas com tais eles. Ao todo, há pelo menos 66 referências ao Antigo Testamento em seus diálogos com os discípulos registrados nos evangelhos, isto sem contar com as mais de noventa alusões ao Antigo Testamento nas conversas que teve com outras pessoas.[3]

Tudo isso serviu para mostrar aos discípulos o quanto eles também deveriam conhecer e usar as Escrituras em suas próprias vidas. Os princípios da exortação bíblica foram colocados em prática diante deles de forma tão repetitiva que ficou impossível deixar de assimilar pelo menos algumas das regras da interpretação básica e da aplicação das Escrituras Sagradas. Além disso, a capacidade de Jesus de lembrar com tanta facilidade das passagens do Antigo Testamento deve ter marcado os discípulos e incutido neles a necessidade de aprender as Escrituras de cor, permitindo que elas se tornassem a autoridade de seus discursos.

Em todas essas coisas, ficava bastante claro que as palavras escritas na Bíblia e as palavras proferidas por Cristo não estavam em contradição, pelo contrário: elas se completavam. Aquilo em que Jesus cria também seria compartilhado pelos discípulos. Assim sendo, as Escrituras, ao lado das próprias declarações de Jesus, se tornaram a base objetiva da fé em Cristo para os discípulos. Além disso, ficou claro para eles que, se quisessem manter a comunhão pelo Espírito Santo depois da partida de Jesus para o céu, deveriam permanecer em sua Palavra (Jo 15:7).

ANTES DE TUDO, GANHAR ALMAS

Por intermédio desse método de demonstração pessoal, todos os aspectos da disciplina pessoal de Jesus foram transmitidos aos discípulos,[4] mas talvez o mais importante, à luz de seu propósito maior, é que, durante todo o tempo, Jesus ensinava seus seguidores a ganhar almas. Praticamente tudo quanto Jesus disse e fez tinha alguma coisa a contribuir com o trabalho de evangelização que os discípulos tinham pela frente, fosse a explicação de alguma verdade espiritual ou a revelação de como deveriam lidar com as pessoas. Ele não precisava criar situações para poder ensinar: apenas aproveitava as oportunidades que surgiam à sua volta. Por isso, seu ensino parecia perfeitamente realista. De fato, na maioria das ocasiões, os discípulos estavam assimilando as lições sem ao menos saber que estavam sendo treinados para ganhar pessoas para Deus sob aquelas mesmas condições.

ENSINANDO COM NATURALIDADE

Esta questão, já mencionada várias vezes, não pode ganhar uma ênfase exagerada. Jesus era um Mestre tão eficiente em seu ensino que nunca permitiu que o método obscurecesse as lições. Permitia que sua verdade atraísse toda a atenção, e não a forma de apresentá-la.[5] Quanto a isso, seu método consistia em ocultar justamente o fato de que tinha um método. Ele mesmo era o método.

Isso pode ser difícil de imaginar em nossa época de técnicas profissionais e de expedientes infalíveis. Em certas circunstâncias, a impressão que temos é a de que seríamos incapazes de seguir adiante sem um manual bem ilustrado ou um mapa multicolorido para mostrar o que devemos fazer. O mínimo que se espera é que tenhamos uma aula sobre como ganhar almas para Jesus. No entanto, por mais estranho que pareça, os discípulos jamais tiveram nenhuma das coisas que hoje consideramos fundamentais para o trabalho.

Tudo que os discípulos precisavam para aprender era de um Professor que colocasse em prática, junto com eles, o que esperava que aprendessem. O evangelismo foi vivido diante deles em

Demonstração

espírito e na prática. Observando o Mestre, os discípulos aprenderam tudo o que precisavam sobre o assunto. Ele os levou a
reconhecer a necessidade inerente a todas as classes sociais e
a melhor maneira de abordá-las. Viram como ele atraía as pessoas para si; como ganhava a confiança delas e inspirava fé;
como abriu diante delas o caminho da salvação e as convocou a
tomar uma decisão. Em todos os tipos de situação e entre todo
tipo de gente, ricos e pobres, sãos e enfermos, amigos e inimigos, os discípulos observaram em ação o Mestre que conquista-
va almas. Não era preciso escrever esquemas em quadros durante
uma aula bem chata, nem inventar algum manual do tipo "faça
você mesmo". O método de Jesus era tão real e prático que
fluía com naturalidade.

Turmas funcionando o tempo todo

O método de Jesus funcionava tanto com relação às grandes
multidões quanto nas abordagens pessoais. Os discípulos estavam sempre por perto, observando as palavras e atitudes do
Mestre. Se alguma abordagem específica não ficasse muito clara,
tudo que precisavam fazer era perguntar ao Mestre, e ele lhes
explicaria. Por exemplo, depois que Jesus contou a história do
semeador a "uma multidão tão grande" (Mc 4:1; v. Mt 13:1-9;
Lc 8:4-8), os discípulos "perguntaram-lhe o que significava aquela parábola" (Lc 8:9; v. Mc 4:10; Mt 13:10). Por causa disso,
Jesus explicou, com detalhes, o significado das analogias usadas
naquela ilustração. De fato, a julgar pelo texto impresso, ele
passou o triplo do tempo explicando sua história para os discípulos do que quando ensinou a lição à multidão pela primeira vez
(Mt 13:10-23; Mc 4:10-25; Lc 8:9-18).[6]

Quando os discípulos pareciam relutantes em confessar sua
ignorância e perplexidade, Jesus costumava tomar a iniciativa para
esclarecer a questão. A história do jovem rico é um incidente
típico. Depois de Jesus falar de forma severa com ele, e o rapaz ir

74

PLANO MESTRE DE EVANGELISMO

embora, triste porque amava mais as suas riquezas do que o Reino de Deus, o Mestre voltou-se a seus discípulos e disse: "Digo-lhes a verdade: Dificilmente um rico entrará no Reino dos céus" (Mt 19:23; v. Mc 10:23; Lc 18:24). "Os discípulos ficaram admirados com essas palavras" (Mc 10:24). Aquele episódio os conduziu a uma longa conversa, na qual Jesus explicou a razão de falar daquela forma com aquele homem de moral tão elevada, e ao mesmo tempo se valeu da oportunidade para aplicar o princípio à profissão de fé dos discípulos (Mc 10:24-31; Mt 19:24—20:16; Lc 18:25-30).

O PRINCÍPIO EM FOCO

O método de Jesus, neste caso, foi mais do que um sermão contínuo: foi, também, uma lição objetiva. Este era o segredo de sua influência no ensino. Ele não pedia a ninguém que fizesse ou fosse alguma coisa que não tivesse primeiro demonstrado em sua própria vida. Desta maneira, o Mestre não só provava que seu ensino funcionava, como também mostrava sua relevância em relação à missão de sua vida. E ele era capaz de fazer isso porque estava o tempo todo com seus discípulos. Suas aulas de treinamento nunca paravam. Tudo quanto Jesus dizia ou fazia era, na verdade, uma aula pessoal. Considerando que os discípulos estavam sempre presentes para testemunhar tudo, aprendiam alguma coisa quase que o tempo todo.

De que outro modo o caminho do Mestre poderia ser aprendido? Dizer às pessoas o que desejamos já é muito bom, mas mostrá-las como fazer é infinitamente melhor. Elas querem exemplos, não explicações.

A APLICAÇÃO DO PRINCÍPIO NOS DIAS DE HOJE

Quando consideramos tudo isso, aqueles que desejam treinar outras pessoas devem estar preparados para torná-las seus seguidores, assim como seguimos a Cristo (2Co 11:1). Somos a

Demonstração

75

vitrine (Fp 3:17; 1Ts 2:7,8 e 2Tm 1:13). As pessoas farão aquilo que ouvirem de nós e virem em nós (Fp 4:9). Com o tempo, é possível que, por meio dessa modalidade de liderança, sejamos capazes de transmitir nossa maneira de viver àqueles que estão o tempo todo conosco.

Precisamos aplicar essa verdade em nossa vida. Não podemos *fugir da raia* nem ignorar nossa responsabilidade pessoal de mostrar o caminho àqueles a quem estamos treinando. Esta revelação deve incluir a aplicação efetiva das realidades mais profundas do Espírito Santo na vida. Este foi o método do Mestre, e não existe nada que possa substituí-lo no treinamento das pessoas envolvidas na obra de Deus.

Como todo mundo sabe, o simples conhecimento não é suficiente. Chega um momento em que é preciso colocar a teoria em ação. Desconsiderar este privilégio pode anular tudo quanto foi assimilado durante o processo de aprendizagem. De fato, o conhecimento, quando não aplicado à própria vida, pode se tornar uma pedra de tropeço na divulgação da verdade. Ninguém compreendeu isto melhor do que o Mestre. Ele estava treinando homens para uma tarefa, e quando já sabiam o bastante para começar, Jesus providenciou para que fizessem alguma coisa prática com tudo que haviam aprendido. A aplicação desse princípio é tão relevante que pode ser considerada como mais uma etapa da estratégia de conquista do Senhor, por intermédio de pessoas treinadas e espiritualmente alertas.

Notas

[1] Por mais de vinte vezes os evangelhos chamam a atenção para a prática da oração por parte de Jesus. O tema ganha destaque durante eventos decisivos de sua vida: o batismo (Lc 3:21); a escolha dos doze apóstolos (Lc 6:12); no Monte da Transfiguração (Lc 9:29); na Última Ceia (Mt 26:27); no Getsêmani (Lc 22:29-46); e na cruz (Lc 23:46). Os evangelistas também ficaram tão impressionados que registraram a ligação entre a intercessão de Jesus e o próprio ministério dos apóstolos: a confissão de sua missão messiânica (Lc 9:18); ao ouvir seus relatórios

evangelísticos (Lc 10:21,22); ao ensinar-lhes como orar (Lc 11:1); a grande oração sacerdotal, antes de Cristo se dirigir à morte na cruz (Jo 17:6-19); a preocupação amorosa por Pedro (Lc 22:32); e na casa dos dois discípulos de Emaús, depois da ressurreição (Lc 24:30). A oração também é importante na operação de seu poder, realizando os milagres: a cura das multidões (Mc 1:35); a primeira multiplicação de pães, diante de 5 mil (Mc 6:41; Mt 14:19; Lc 9:16; Jo 6:11); a segunda multiplicação, diante de 4 mil (Mc 8:6; Mt 15:36); a cura do surdo (Mc 7:34); a ressurreição de Lázaro (Jo 11:41). Além disso, a oração estava nos lábios de Jesus quando ele contemplou as multidões que viera salvar — antes do conflito com os líderes religiosos (Lc 5:16); quando os gregos vieram conhecê-lo (Jo 12:27); depois de despedir os 5 mil que haviam sido alimentados (Mc 6:46; Mt 14:23); ao abençoar as criancinhas (Mc 10:16); e, finalmente, ao orar por aqueles que o haviam crucificado (Lc 23:34).

[2]Jesus nunca se confundiu sobre a credibilidade e o testemunho das Escrituras Sagradas, pois sabia que eram inspiradas pelo Espírito Santo (Mc 12:36; Mt 22:43). Para Cristo, as Escrituras eram "a palavra de Deus" (Jo 10:35; Mc 7:13; Mt 15:6; v. Lc 8:12). De fato, num sentido singular, constituíam sua própria Palavra, que ele interpretava e aprofundava (por exemplo, Mt 5:21-22,27-28), como declarou: "São as Escrituras que testemunham a meu respeito" (Jo 5:39; v. Mt 5:17,18). Consciente disso, Jesus percebeu que sua vida era o cumprimento das Escrituras, e com freqüência chamou atenção para este fato (Mt 5:18; 8:17; 13:14; 26:54,56; Mc 14:40; Lc 4:21; 21:22; Jo 13:18; 15:26; 17:12). Por isso, era natural que Jesus utilizasse tal fonte de conhecimento em sua obra. Era o alimento que nutria sua alma (Mt 4:4) e fortalecia seu coração contra as tentações (Mt 4:4,7,10; 12:3; Lc 4:4,8,12). Sobretudo, era seu manual para ensinar a verdade eterna de Deus em público e individualmente (por exemplo, Lc 4:17-21; 24:27,32,44,45).

[3]Esses são exemplos, destacados das palavras de Jesus, nos quais há alguma referência ao Antigo Testamento, seja por citação direta, alusão a algum acontecimento ou linguagem similar às palavras usadas nas Escrituras judaicas. Se forem contadas as repetições em narrativas paralelas sobre os mesmos eventos, há cerca de 160 referências nos quatro evangelhos nas quais Jesus faz alusões à Bíblia de seus dias. Além disso, dois terços dos livros do Antigo Testamento foram incluídos nessas referências. Em vista disso, só podemos concluir que a Palavra de Cristo estava totalmente impregnada do ensino dos antigos patriarcas, reis e profetas. Todo o pensamento de Jesus estava moldado de acordo com o espírito das Escrituras inspiradas de seus dias. Veja *Jesus the Master Teacher* [*Jesus, o melhor Professor*], de Herman Harrell Horne (Nova York, Association Press, 1920, p. 93-106; e J. M. PRICE. *op. cit.*, p. 8-11,62-64. Uma lista completa dessas várias referências ao Antigo Testamento nos evangelhos pode ser encontrada em *Harmony of the gospels for students of the life of Christ* [*Harmonia dos evangelhos para estudantes da vida de Cristo*], de A.T. Robertson (Nova York: Harper, 1922, p. 295-301).

[4]Os limites desta discussão não permitem um tratamento extenso de todas as práticas de Jesus que lhe afetaram a vida. Seu modo de agir com os discípulos, no que se refere ao ensino sobre oração e uso da Bíblia, é mencionado somente como exemplo de quão cuidadoso ele era na preparação de seus seguidores para o serviço. Para analisar o assunto de forma adequada, é necessário levar em consideração sua prática de adoração, sua preocupação com os rituais e as leis da sociedade e sua atitude a respeito das responsabilidades civis e sociais, para mencionar apenas alguns aspectos. Mas a questão é que, em todas aquelas coisas,

DEMONSTRAÇÃO

Jesus ensinava a seus discípulos como viver uma vida relevante e vitoriosa em meio a um mundo pagão.

[5]Inúmeros autores tentaram analisar as técnicas de ensino de Jesus, e os pesquisadores que se aprofundam no assunto podem aproveitar bem se consultarem algumas das obras a seguir: *The teaching of Jesus* [*O ensino de Jesus*], de J.M. Ross (Edimburgo: T. & T. Clark, 1904, esp. p. 46-59); *The teaching of Jesus*, de George Baker Stevens (Nova York: Macmillan, 1918, p. 33-46); *The art of Jesus as a Teacher* [*A arte de Jesus como Professor*], de Charles Francis McKay (Filadélfia: Judson, 1930; *Jesus and the educational method* [*Jesus e o método educacional*], de Luther Allan Weigle (Nova York: Abingdon, 1939). Obras de Horne, Squires, Richardson e Price, mencionadas em notas anteriores, também podem ajudar com análises muito úteis.

[6]Outros exemplos: a parábola do joio (Mt 13:36); a repreensão aos fariseus por tornarem vã a Palavra de Deus com suas tradições (Mt 15:15); a lição ao jovem tolo e rico (Lc 12:22); a parábola do rico e Lázaro (Lc 17:1); sua palavra aos fariseus sobre a vinda do Reino (Lc 17:22); e a questão do divórcio, segundo a lei de Moisés (Mc 10:10; Mt 19:7).

6

Delegação

E eu os farei pescadores de homens.
Mateus 4:19

DESIGNADOS PARA UMA OBRA

Jesus sempre desenvolveu seu ministério em função do momento a partir do qual seus discípulos teriam de substituí-lo em sua obra e sair pelo mundo, levando o Evangelho da redenção. Aos poucos, este plano foi sendo revelado, enquanto os discípulos o seguiam.

A paciência com que Jesus esclareceu esta questão aos discípulos se reflete em seus comentários sobre a capacidade que eles tinham de aprender. Jesus nunca se precipitou para que agissem antes da hora. O primeiro convite feito a eles para o seguirem nada dizia sobre a necessidade de sair para evangelizar o mundo, embora este fosse o plano de Jesus desde o começo. O método do Mestre consistia em conduzir os discípulos a uma experiência vital com Deus e mostrar-lhes como ele mesmo trabalhava, antes de dizer que seriam enviados.

Por outro lado, Jesus não desencorajava as reações espontâneas dos discípulos, que davam testemunho de sua fé. Na verdade, ele parecia gostar da idéia de vê-los conduzindo outras pessoas àquilo que haviam descoberto. André trouxe Pedro, Filipe encontrou Natanael e Mateus convidou seus amigos a um banquete em sua casa — e Jesus reagiu com alegria a todas aquelas novas apresentações. Também é interessante observar que, em diversas ocasiões, Jesus pediu àqueles que haviam sido ajudados por intermédio de seu ministério que falassem a outras pessoas sobre o que havia acontecido. No entanto, em nenhuma dessas primeiras oportunidades o Mestre deu qualquer ordem específica para que cumprissem o verdadeiro propósito de suas vidas, que seria o de sair e testemunhar.

Jesus também usou seus discípulos de outras maneiras para ajudá-lo em seu trabalho, como cuidando das tarefas básicas de obter alimentos e arranjar acomodações para o grupo que o seguia. Também permitiu a eles batizar pessoas que fossem despertadas pela sua mensagem (Jo 4:2).[1] Fora isso, contudo, é notável observar que, nos evangelhos, esses primeiros discípulos realmente não fizeram muito mais do que observar Jesus trabalhando durante um ano ou mais. O Mestre manteve a visão diante deles por meio de sua atividade. E ao chamar novamente os quatro pescadores, lembrou-lhes de que, ao se decidirem por segui-lo, se tornariam pescadores de homens (Mc 1:17; Mt 4:19; Lc 5:10). Contudo, não parece que, a princípio, tenham feito muito a respeito disso, mesmo depois de serem formalmente consagrados ao ministério, alguns meses depois (Mc 3:14-19; Lc 6:13-16), continuavam não demonstrando qualquer evidência de se envolver em algum trabalho de evangelização por iniciativa própria. Esta observação talvez nos ajude a ser mais pacientes com os novos convertidos que discipulamos.

A PRIMEIRA MISSÃO EVANGELÍSTICA DOS DOZE

Quando Jesus deu início a seu terceiro giro pela região da Galiléia (Mc 6:6; Mt 9:35), sem dúvida percebeu que havia chegado o tempo de os discípulos se juntarem a ele no trabalho de modo mais objetivo. Já tinham visto o bastante para, pelo menos, começar a agir. Agora precisavam colocar em prática o que tinham

DELEGAÇÃO

visto o Mestre fazer. "Chamando os Doze para junto de si, enviou-os de dois em dois" (Mc 6:7; v. Mt 10:5; Lc 9:1,2). Como a águia, que ensina os filhotes a voar empurrando-os do ninho, Jesus também *empurrou* os discípulos para o mundo a fim de que aprendessem a bater as asas.

INSTRUÇÕES OBJETIVAS

No entanto, antes de deixar os discípulos partir, Jesus deixou algumas instruções objetivas sobre a missão da qual estavam sendo incumbidos. O que o Mestre lhes disse naquela oportunidade é muito importante neste estudo, pois, em certo sentido, ele destacou, de forma explícita, o que vinha ensinando implicitamente o tempo todo.

Em primeiro lugar, reafirmou o propósito de Deus para suas vidas. Competia-lhes ir e "pregar o Reino de Deus e a curar os enfermos" (Lc 9:1-2; v. Mt 10:1; Mc 6:7). Não havia nada de novo neste comissionamento, mas serviu para esclarecer melhor a tarefa a ser cumprida pelos discípulos. Entretanto, as novas instruções enfatizavam ainda mais o caráter de urgência da sua tarefa, com o anúncio de que "o Reino dos céus está próximo" (Mt 10:7). Também revelaram mais sobre o escopo da autoridade que eles receberam, à medida que obtiveram a orientação de não apenas curar os enfermos, mas também ressuscitar os mortos, purificar os leprosos e expulsar os demônios (Mt 10:8).

Mas Jesus não parou por aí. Ele prosseguiu dizendo a eles quem deveriam procurar primeiro. "Não se dirijam aos gentios, nem entrem em cidade alguma dos samaritanos. Antes, dirijam-se às ovelhas perdidas de Israel" (Mt 10:5,6). Era como se Jesus estivesse dizendo a seus discípulos que deveriam ir aonde encontrariam a platéia mais suscetível para ouvir a mensagem. Foi deste modo que Jesus procedeu em seu ministério, embora, conforme o tempo passasse, ele não se prendesse a isso. A partir do momento que os parentes eram quem mais se aproximava deles em termos culturais e religiosos, é natural que começassem com as pessoas mais próximas. É muito interessante destacar que, alguns meses mais tarde, quando os Setenta foram enviados, esta ordem não foi repetida, talvez como um indicativo de que já estava na hora de ir além daquelas fronteiras naturais para falar de Cristo.

No que se referia a apoio, eles teriam de confiar em Deus para suprir suas necessidades. Foram orientados a dedicar seus serviços sem remuneração, lembrando que também era de graça que haviam recebido a salvação dada pelo Senhor (Mt 10:8). Conseqüentemente, Jesus os instruiu a não se sobrecarregar sem necessidade, levando consigo bagagens e provisões em excesso (Mt 10:9,10; Mc 6:8,9; Lc 9:3). Se fossem fiéis a Deus, o Senhor providenciaria o que seria necessário para suprir suas demandas. "O trabalhador é digno do seu sustento" (Mt 10:10).

Seguindo o método de Cristo

O plano de Jesus é ainda mais específico no que diz respeito a seus discípulos, como demonstrado nas instruções que receberam para descobrir alguma pessoa digna de cada cidade que visitassem, e que vivessem naquele lugar durante o tempo necessário para realizar sua obra evangelística. "Na cidade ou povoado em que entrarem, procurem alguém digno de recebê-los, e fiquem em sua casa até partirem" (Mt 10:11; v. Mc 6:10; Lc 9:4). Na prática, os discípulos foram orientados a concentrar seu tempo nas pessoas com maior potencial de cada cidade, gente que fosse capaz de dar continuidade ao trabalho depois que os discípulos fossem embora. Era uma questão de prioridade absoluta. Na verdade, se não conseguissem descobrir alguém que se ajustasse às exigências, tinham instruções específicas para sacudir o pó de seus pés, como testemunho contra eles. Haveria "menor rigor para Sodoma e Gomorra do que para aquela cidade" (Mt 10:14,15; v. Lc 9:5; Mc 6:11). Tal princípio — o estabelecimento de uma

DELEGAÇÃO

frente de trabalho em novos lugares a partir do contato com líderes potenciais estratégicos — não pode ser menosprezado. Jesus já o colocava em prática com os próprios discípulos, e esperava que eles fizessem o mesmo. Seu plano de evangelismo, como um todo, dependia disso, e aquelas cidades que rejeitassem a oportunidade oferecida pelos discípulos de colocar esse princípio em prática estariam, na verdade, atraindo julgamento divino contra si.

PRIVAÇÕES À VISTA

O fato de que alguns homens rejeitariam o ministério dos discípulos só serviu para intensificar o alerta de Jesus sobre o tratamento que eles teriam de enfrentar. "Tenham cuidado, pois os homens os entregarão aos tribunais e os açoitarão nas sinagogas deles. Por minha causa vocês serão levados à presença de governadores e reis como testemunhas a eles e aos gentios" (Mt 10:17,18). Era natural que aquilo acontecesse. Afinal de contas, "o discípulo não está acima do seu mestre, nem o servo acima do seu senhor" (Mt 10:24). Os líderes religiosos dos judeus haviam se referido a Jesus como "Belzebu", e os que pertenciam à sua família passariam pelo mesmo tipo de acusação (Mt 10:25). Era a mesma coisa que dizer que o caminho que o Mestre propunha era oposto aos padrões aceitos pela sabedoria do mundo. Por isso, seus seguidores seriam odiados por todas as pessoas (Mt 10:22,23). Contudo, Jesus disse-lhes para que não temessem. Deus jamais os deixaria. E ainda que o testemunho deles envolvesse grandes perigos para suas vidas, o Espírito Santo os capacitaria a enfrentar as emergências (Mt 10:20,21). Não importava o que acontecesse a eles, Jesus garantia que todo aquele que o confessasse diante dos homens seria lembrado perante o Pai nos céus (Mt 10:32).

Ninguém pode deixar de se impressionar com o modo realista que Jesus falava da força do inimigo, não permitindo que seus discípulos o subestimassem. Da mesma forma, não dava para menosprezar a resistência natural das pessoas a seu Evangelho da redenção. Eles não estavam procurando encrenca. De fato, a admoestação de Jesus aos discípulos foi: "Sejam astutos como as serpentes e sem malícia como as pombas" (Mt 10:16). Ela enfatizava a necessidade de saber ser conveniente e agir com sensibilidade. No entanto, apesar de todas as suas precauções, o fato é que era pouco provável que o mundo acolheria os discípulos com carinho quando eles estivessem pregando fielmente o Evangelho. Por esta razão é que Jesus declarou que os discípulos eram enviados "como ovelhas entre lobos" (Mt 10:16).

Um Evangelho que Divide

Também é muito significativo que Jesus tenha lembrado seus discípulos da natureza decisiva do apelo do Evangelho. Não poderia existir compromisso com o pecado, e, por esta razão, qualquer pessoa que resistisse ao Senhor se sentiria incomodada com os discípulos. Os seguidores de Jesus não eram emissários de boa vontade, mantenedores do *status quo* da tolerância com o pecado. Pelo contrário. Jesus dissera: "Não pensem que vim trazer paz à terra; não vim trazer paz, mas espada. Pois eu vim para fazer que 'o homem fique contra seu pai, a filha contra sua mãe, a nora contra sua sogra; os inimigos do homem serão os da sua própria família'. Quem ama seu pai ou sua mãe mais do que a mim não é digno de mim; quem ama seu filho ou sua filha mais do que a mim não é digno de mim; e quem não toma a sua cruz e não me segue, não é digno de mim" (Mt 10:34-38). Se os discípulos achavam que seu trabalho era fácil, depois de ouvir isso tal idéia certamente havia desaparecido. Eles estavam partindo para proclamar um Evangelho revolucionário. E quando este Evangelho era obedecido, provocava uma mudança revolucionária nas pessoas e na sociedade.

UM EM CRISTO

A questão que Jesus enfatizava em todas aquelas instruções é que a missão de seus discípulos não era diferente da sua, em princípio e método. Jesus começou entregando-lhes sua própria autoridade e poder para fazer sua obra (Mc 6:7; Mt 10:1; Lc 9:1), e encerrou assegurando que, ao realizar aquelas coisas, era como se o próprio Mestre as estivesse fazendo. "Quem recebe vocês, recebe a mim; e quem me recebe, recebe aquele que me enviou" (Mt 10:40; v. Jo 13:20). Pense nisto: ao serem enviados, os discípulos seriam autênticos representantes de Cristo. Esta associação era tão clara que, se algum discípulo desse um copo de água a uma criança, aquele ato de compaixão com certeza seria recompensado (Mt 10:42).

DOIS EM DOIS

Aquelas eram as instruções que Jesus dera a seus discípulos. Porém, antes que partissem, o Mestre os organizou em pares (Mc 6:7).[2] Sem dúvida, o objetivo deste plano era garantir que os discípulos tivessem a companhia mais adequada durante a jornada. Juntos, podiam ajudar um ao outro, e quando circunstâncias adversas surgissem, como certamente aconteceria com freqüência, ainda poderiam encontrar consolo entre si. Isto reflete, mais uma vez, a preocupação característica do Senhor Jesus pela união.

"Então, eles saíram e foram pelos povoados, pregando o evangelho e fazendo curas por toda parte" (Lc 9:6; v. Mc 6:12). O pequeno grupo de discípulos havia finalmente tomado a iniciativa e iniciado um ministério cristão ativo. É claro que isto não servia de justificativa para Jesus negligenciar sua própria obra. Ele nunca pediu que alguém fizesse algo que ele mesmo não estivesse pronto para fazer. Assim, quando os discípulos partiram, o Mestre também "saiu para ensinar e pregar nas cidades da Galiléia" (Mt 11:1).

A missão dos Setenta

Alguns meses depois, esses "outros setenta" foram enviados também de dois em dois, a fim de dar testemunho de seu Senhor (Lc 10:1). Não se sabe com certeza quem eram esses outros setenta discípulos, mas há indicações de que este segundo grupo incluía os doze discípulos originais. O tamanho do grupo era grande devido às atividades crescentes dos Doze, que testemunhavam de Cristo.

Mais uma vez, as instruções ministradas a este grupo maior foram essencialmente as mesmas orientações dadas em ocasião anterior aos Doze (Lc 10:2-16). Um detalhe a mais neste novo comissionamento foi o lembrete de que deveriam se dirigir "a todas as cidades e lugares para onde ele estava prestes a ir" (Lc 10:1). Ou seja, os discípulos seriam os precursores de seu Senhor, preparando as coisas para o ministério de Jesus. Este detalhe havia sido gravado na mente dos discípulos poucas semanas antes, quando viajavam para Samaria (Lc 9:52). Por isso, não era algo de que não tivessem conhecimento prévio. Só servia para indicar, mais uma vez, que deveriam pôr em prática aquilo que haviam aprendido ser a estratégia de evangelismo do Mestre.

Ordens pós-ressurreição

O princípio baseado na incumbência de tarefas evangelísticas aos discípulos foi demonstrado de modo definitivo pouco antes de Jesus retornar ao Céu depois da crucificação e da ressurreição. Em pelo menos quatro oportunidades nas quais encontrou seus discípulos, orientou-os a sair e fazer a sua obra. Isto foi mencionado pela primeira diante dos discípulos, com exceção de Tomé, naquele primeiro domingo à noite de Páscoa, quando estavam reunidos no cenáculo. Depois que Jesus mostrou suas mãos e seus pés marcados pelos cravos (Lc 24:38-40) e compartilhou a refeição com eles (Lc 24:41-43), lhes disse: "Paz seja com vocês!

Assim como o Pai me enviou, eu os envio" (Jo 20:21). Com estas palavras, Jesus garantiu novamente o cumprimento da promessa e a autoridade do Espírito Santo para realizar a obra que lhes era proposta. Pouco depois, quando Jesus tomava café da manhã na companhia dos discípulos às margens do mar de Tiberíades, orientou, por três vezes, que Pedro alimentasse suas ovelhas (Jo 21:15-17). Esta admoestação foi considerada uma prova do amor do grande pescador ao Mestre.

Numa montanha da Galiléia, Jesus anunciou sua Grande Comissão, não apenas aos onze apóstolos (Mt 28:16), mas também a toda a Igreja, que naquele tempo já somava cerca de quinhentos irmãos (1Co 15:6). Era uma proclamação bem clara de sua estratégia de conquista mundial. "Foi-me dada toda a autoridade nos céus e na terra. Portanto, vão e façam discípulos de todas as nações, batizando-os em nome do Pai e do Filho e do Espírito Santo, ensinando-os a obedecer a tudo o que eu lhes ordenei. E eu estarei sempre com vocês, até o fim dos tempos" (Mt 28:18-20; v. Mc 16:15-18).

Finalmente, antes de voltar ao Pai, Jesus reviu tudo que estava relacionado com sua obra na companhia dos discípulos pela última vez, mostrando-lhes como as coisas se cumpririam enquanto estava na companhia deles (Lc 24:44,45). Seu sofrimento e sua morte, assim como sua ressurreição dentre os mortos ao terceiro dia, estavam de acordo com um plano preestabelecido (Lc 24:46). Jesus continuou, mostrando a seus discípulos que "em seu nome seria pregado o arrependimento para perdão de pecados a todas as nações, começando por Jerusalém" (Lc 24:47). E para que se cumprissem esses propósitos divinos, os discípulos não teriam papel menor do que o do Mestre. Eles seriam instrumentos humanos para anunciar as Boas Novas, e o Espírito Santo seria a capacitação divina para que desempenhassem sua tarefa. "Mas receberão poder quando o Espírito Santo descer sobre vocês, e serão minhas testemunhas em Jerusalém, em toda a Judéia e Samaria, e até os confins da terra" (At 1:8; v. Lc: 24:48,49).

O PRINCÍPIO É CLARO

É evidente que Jesus não deixou a obra de evangelismo sujeita às impressões ou conveniências humanas. Para seus discípulos, tratava-se de uma ordem bem definida, percebida por impulso no início do discipulado, mas progressivamente esclarecida em suas mentes, conforme seguiam o Mestre, até ser expressa em termos bem claros. Ninguém que seguisse a Jesus por muito tempo poderia deixar de chegar a essa conclusão. Foi assim na época; e continua sendo até hoje.

Os discípulos cristãos são homens enviados — enviados para a mesma obra de evangelização do mundo para a qual o Senhor foi enviado, e por causa da qual ele deu a própria vida. O evangelismo não é um acessório opcional em nossas vidas. É a pulsação que movimenta tudo aquilo que fomos chamados para ser e fazer. É o comissionamento da Igreja, que dá sentido a tudo mais que é empreendido em nome de Cristo. Com este propósito bem focado, tudo quanto for feito e dito resultará um glorioso cumprimento no propósito redentor de Deus — instituições educacionais, programas sociais, hospitais, reuniões de qualquer espécie nas igrejas locais —, tudo feito em nome de Cristo, terá sua parcela no cumprimento dessa missão.

A APLICAÇÃO DO PRINCÍPIO NOS DIAS DE HOJE

Não basta, porém, fazer disso um ideal. É necessário que seja demonstrado de modo tangível por aqueles que seguem o Salvador. A melhor maneira de nos certificarmos que isso está sendo realizado é distribuir tarefas práticas, esperando que elas sejam cumpridas. Isso estimula a iniciativa das pessoas, e sempre que elas virem esse princípio em ação na vida de seus dirigentes não haverá razão alguma pela qual a tarefa não possa ser completada. Quando a Igreja levar esta lição a sério e lançar-se à obra de evangelismo, então aqueles que se assentam nos bancos logo começarão a se mobilizar em nome de Deus.

Contudo, o fato de alguém começar a trabalhar não garante que continuará se esforçando. Depois de vencida a inércia, ainda será necessário continuar se movendo, e na direção certa. É claro que as incumbências dadas por Jesus a seus discípulos, pelo menos a princípio, não serviam para dispensá-los de sua escola de treinamento. Ainda tinham muito mais a aprender antes que pudessem ser considerados preparados para a formatura, e enquanto não chegasse o tempo certo, Jesus não tinha intenção alguma de deixá-los fora do alcance de sua direção pessoal. Sua preocupação a respeito disso foi tão explícita e seu modo de cuidar da questão, tão claro, que deve ser considerado como outro aspecto de sua estratégia rumo à vitória definitiva.

Notas

[1] Não posso deixar de comentar aqui que os discípulos de Jesus receberam o privilégio de administrar o rito do batismo bem antes de serem ordenados para pregar. Se deduzíssemos disto uma regra eclesiástica, certamente ficaria subentendido que o ministério da pregação é muito mais significativo e cheio de perigos e privilégios do que a ministração das ordenanças — ou, pelo menos, do batismo. Qualquer pessoa incumbida do sagrado ministério da Palavra tem uma posição de muito mais responsabilidade do que apenas administrar o batismo. A responsabilidade maior deve incluir a menor. A aplicação dessa norma, no entanto, teria alguns desdobramentos em muitas igrejas de hoje em dia.

[2] O plano de sair em pares parecia uma prática muito comum na época, segundo os evangelhos. Por exemplo, dois discípulos foram enviados para encontrar o jumento que Jesus usou na entrada triunfal em Jerusalém (Lc 19:29). Pedro e João fizeram juntos os preparativos para a Páscoa (v. Lc 22:8). É provável que Tiago e João estivessem juntos na missão de preceder a Jesus em Samaria, já que foram eles os que se revoltaram com a recepção que tiveram (Lc 9:52,54). James I. Vancer, em seu livreto *The college of apostles* [*O colégio apostólico*] (Nova York: Meming H. Revell, 1596), tenta até analisar todos os apóstolos aos pares, constituindo seis grupos de duas pessoas cada. A idéia é que os discípulos foram organizados em pares com o objetivo de complementar as virtudes uns dos outros e minimizar os defeitos. O autor reúne Pedro, um extremista, com André, de perfil conservador; o idoso Tiago com o jovem João; Filipe, tão bronco, com Bartolomeu, mais sábio; Tomé, com suas dúvidas, ao lado de Mateus, um homem de convicções sólidas; Tiago, o campeão do dever, com Judas, o campeão da doutrina; e Simão, o zelote, com Judas Iscariotes, o traidor. A base de tal suposição tem relação com a lista dos apóstolos, em pares, formulada por Mateus (Mt 10:2-4). LATHAM, *op. cit.*, p. 162. Para sermos justos, devemos reconhecer que esta organização é muito mais hipotética. De qualquer forma, o fato de o livro de Atos apresentar os apóstolos e missionários da Igreja viajando em grupos de dois ou mais merece registro.

7

Supervisão

Ainda não compreendem nem percebem?
Mateus 8:17

ELE SEMPRE OS SUPERVISIONAVA

Jesus determinou um procedimento em relação ao trabalho dos discípulos: ele ouvia os relatórios das viagens e compartilhava as bênçãos de seu ministério, que consistia a fazer as mesmas coisas. Neste sentido, podemos dizer que método de ensino do Senhor se alternava entre instrução e incumbência. Toda vez que Cristo estava com eles, ajudava-os a compreender a razão de algum feito anterior ou preparava-os para alguma nova experiência. Suas perguntas, ilustrações, advertências e admoestações eram calculadas para destacar aquelas coisas de que precisavam saber para poder realizar sua obra, que consistia na evangelização do mundo.

Desta forma, pouco depois de os doze discípulos serem enviados, "reuniram-se a Jesus e lhe relataram tudo o que tinham feito e ensinado" (Mc 6:30; Lc 9:10). Pelo que afirma a Bíblia, parece que aquela reunião foi previamente agendada, e por esta razão, a primeira viagem solitária dos discípulos foi apenas uma espécie de pesquisa de campo, dentro do treinamento que estavam recebendo do Mestre.

O reagrupamento dos discípulos depois daquela viagem evangelística, naturalmente, permitiu a eles o repouso necessário, tanto para o corpo quanto para a alma. No que se refere ao tempo que os discípulos estiveram fora, as Escrituras nada dizem. Talvez uns poucos dias, ou mesmo uma semana. O elemento tempo não é o mais importante. O que realmente importa, como mostra o registro bíblico, é que depois de os discípulos terem sido enviados para a obra, tinham que compartilhar suas experiências uns com os outros.

Do mesmo modo, depois da viagem dos Setenta, Jesus os convocou para apresentar relatório sobre o trabalho realizado durante suas visitas. "Os setenta [...] voltaram alegres e disseram: 'Senhor, até os demônios se submetem a nós, em teu nome'" (Lc 10:17). Na missão anterior dos Doze, nenhuma menção é feita a qualquer sucesso espetacular. Porém, na segunda ocasião, os discípulos voltaram relatando triunfos extraordinários. É possível que a diferença tenha sido a experiência adquirida antes pelos discípulos.

Nada poderia dar maior alegria a Jesus do que aquilo. Antecipando a vitória assegurada de forma definitiva por sua obra, Jesus afirmou: "Eu vi Satanás caindo do céu como relâmpago" (Lc 10:18). "Naquela hora Jesus, exultando no Espírito Santo", elevou a voz a fim de louvar ao Pai pelo que fora realizado (Lc 10:21,22). Era por aquilo que Jesus vinha trabalhando durante todos aqueles longos meses, e agora estava começando a ver seu trabalho dando fruto. Ainda assim, para mostrar o quanto se mantinha preocupado em fazer com que as experiências servissem para ensinar a verdade, até mesmo aquela foi usada por Jesus para alertar os discípulos contra o orgulho em suas realizações. Como ele mesmo disse: "Contudo, alegrem-se, não porque os espíritos se submetem a vocês, mas porque seus nomes estão escritos nos céus" (Lc 10:20).

REVISÃO E APLICAÇÃO CONTÍNUAS

O que se vê de modo tão claro nessas sessões de levantamento posteriores às jornadas evangelísticas dos discípulos reforça a

SUPERVISÃO

estratégia de Jesus durante seu ministério. Ao analisar alguma experiência pela qual os discípulos haviam passado, Jesus destacava alguma aplicação prática na vida.

Tome-se como exemplo a maneira como o Mestre reagiu aos esforços fúteis de alguns de seus discípulos para curar um menino que estava oprimido. Este incidente ocorreu quando Jesus estava no monte da Transfiguração, junto com Pedro, Tiago e João. Durante a ausência de Cristo, os outros discípulos tinham tentado curar um menino possesso por demônio, que fora trazido pelo pai. O caso era complicado demais para eles, e quando Jesus voltou para ver como as coisas estavam indo, encontrou aquele pai, muito perturbado, com o filho doente tendo um ataque na frente dos discípulos. É claro que o Mestre cuidou do menino, mas não perdeu a chance de ensinar uma lição da qual seus seguidores precisavam muito: por meio de muita oração e jejum, eles deveriam ter aprendido a depender mais da fidelidade de Deus (Mc 9:17-29; Mt 17:14-20; Lc 9:37-43).

Ou então pense na maneira como Jesus destacou o papel que os apóstolos desempenharam na multiplicação dos pães para a multidão como uma forma de conscientizá-los sobre seu poder de fazer todas as coisas e, ao mesmo tempo, dar uma lição importante sobre discernimento espiritual (Mc 6:30-44; 7:31—8:9; 13:21; Mt 14:13-21; 15:29-38; Lc 9:10-17; Jo 6:1-13). Este episódio ocorreu quando cruzavam o mar da Galiléia num barco, logo depois de o Mestre fazer uma denúncia grave contra a atitude insistente das seitas religiosas daquele tempo, que queriam ver sinais (Mc 8:10-12; Mt 15:39—16:4). Certamente sentindo que o ânimo dos discípulos fora abalado por causa do incidente ocorrido do outro lado do lago, Cristo voltou-se para eles e disse: "Estejam atentos e tenham cuidado com o fermento dos fariseus". No entanto, quando aqueles discípulos tão limitados, em termos espirituais, ficaram com fome e viram que no barco só havia um pão, pensaram que não poderiam comprar comida daquela gente incrédula. Por isso, ficaram tentando imaginar qual seria a origem da próxima refeição. Percebendo que eles haviam deixado escapar o ensinamento espiritual que tentava transmitir a respeito da falta de fé, Jesus afirmou: "'Por que vocês estão discutindo sobre não terem pão? Ainda não compreendem nem percebem? O coração de vocês está endurecido? Vocês têm olhos, mas não vêem? Têm ouvidos, mas não ouvem? Não se lembram? Quando eu parti os cinco pães para os cinco mil, quantos cestos cheios de pedaços vocês recolheram?' 'Doze', responderam eles. 'E quando eu parti os sete pães para os quatro mil, quantos cestos cheios de pedaços vocês recolheram?' 'Sete', responderam eles" (Mc 8:17-20).

Sem dúvida alguma, o que Jesus falou serviu para trazer de volta à lembrança o dia em que os discípulos fizeram as multidões se assentar na grama, e depois viram Jesus realizar o milagre da multiplicação dos pães.[1] Eles também se lembraram de como o Mestre os usou para distribuir a comida de maneira que todos se fartaram, e depois ainda recolheram o que sobrou. De fato, era uma lembrança ainda bastante vívida, pois cada um dos Doze carregou um cesto cheio de sobra de comida quando a refeição acabou. Da mesma forma, lembravam-se de como sobraram sete cestos cheios de alimentos quando alimentaram quatro mil homens. Com tantas provas do poder milagroso de Jesus, não havia a menor dúvida acerca de sua capacidade de alimentá-los com um só pão, se fosse necessário. "Então entenderam que não estava lhes dizendo que tomassem cuidado com o fermento de pão, mas com o ensino dos fariseus e dos saduceus" (Mt 16:12).

LIÇÕES SOBRE PACIÊNCIA

Um dos discursos mais contundentes de Jesus, assim que os apóstolos terminavam alguma tarefa, tinha relação com a atitude que assumiam diante de pessoas envolvidas na obra de Deus, mas que não faziam parte do grupo apostólico. Parece que, durante as viagens, eles encontraram pessoas que expulsavam demônios em nome de Jesus, mas como elas não faziam parte da *denominação*, os discípulos as repreenderam com rigor por causa do que faziam (Mc 9:38; Lc 9:49). Não há dúvida de que eles achavam que estavam fazendo a coisa certa, mas quando comentaram o episódio com o Mestre, ele sentiu que era hora de fazer um extenso discurso a respeito dos perigos de se desencorajar qualquer iniciativa sincera em favor do Reino de Deus (Mc 9:39-50; Mt 18:6-14). " 'Não o impeçam', disse Jesus, 'pois quem não é contra vocês, é a favor de vocês' " (Lc 9:50). Em seguida, para mostrar uma aplicação mais ampla de sua lição, abrangendo todas as pessoas inocentes, especialmente as crianças, Jesus prosseguiu e declarou: "Se alguém fizer tropeçar um destes pequeninos que crêem em mim, seria melhor que fosse lançado no mar com uma grande pedra amarrada no pescoço" (Mc 9:42). "Da mesma forma, o Pai de vocês, que está nos céus, não quer que nenhum destes pequeninos se perca" (Mt 18:14).

Em outra excursão, os discípulos encontraram certa resistência a seu trabalho durante uma tarefa que tentavam realizar em nome do Senhor em Samaria. Reagindo de modo impulsivo, queriam invocar fogo do céu para destruir aquele povo (Lc 9:51-54). Jesus, porém, estava nas proximidades, e "voltando-se, os repreendeu, dizendo: 'Vocês não sabem de que espécie de espírito vocês são, pois o Filho do homem não veio para destruir a vida dos homens, mas para salvá-los'" (Lc 9:55,56). E assim, depois de mostrar aos discípulos como poderiam solucionar aquele tipo de problema, "foram para outro povoado" (Lc 9:56).

A ANÁLISE DO PRINCÍPIO

Muitas outras passagens poderiam ser citadas para mostrar como Jesus verificava as ações e as reações de seus discípulos de acordo com as várias situações difíceis que enfrentavam. Ele ficava atrás deles o tempo todo, dando-lhes cada vez mais atenção conforme seu ministério terreno chegava ao fim. Jesus não permitiria que os discípulos descansassem no sucesso ou no fracasso. Não importava o que fizessem, sempre havia mais a fazer e a aprender. Ele se alegrava com o êxito de seus seguidores, mas seu objetivo era nada menos do que conquistar o mundo todo para o Reino de Deus. Para alcançar esta finalidade, ele sempre coordenava os esforços dos discípulos.[2]

Aquele era o melhor exemplo de treinamento *com a mão na massa*. Jesus permitia que seus seguidores passassem por alguma experiência ou fizessem alguma observação por conta própria, e então usava aquilo como ponto de partida para ensinar uma lição sobre discipulado. O fato de os discípulos tentarem fazer a obra de Deus, ainda que falhassem, proporcionava mais consciência de suas próprias deficiências, e assim se tornavam mais dispostos a aceitar a correção do Mestre. Além disso, confrontar situações da vida real permitia a Jesus tornar seu ensino ainda mais apurado, focando demandas específicas e falando em termos concretos de experiência prática. Todo mundo gosta mais do que sabe depois de ter a oportunidade de aplicar o que aprendeu na prática.

O mais importante de todo esse trabalho de supervisão de Jesus é que mantinha os discípulos na direção do alvo estabelecido para eles. O Mestre não esperava que seus seguidores fizessem nada além do que podiam, mas esperava que fizessem o melhor que pudessem, e que se desenvolvessem à medida que fossem crescendo no conhecimento e na graça. O plano de ensino traçado pelo Senhor Jesus, mediante exemplo, incumbência e verificação permanente, era calculado para extrair o que havia de melhor nos discípulos.

A APLICAÇÃO DO PRINCÍPIO NOS DIAS DE HOJE

Hoje em dia, quem procura treinar outras pessoas para evangelizar precisa ter a mesma paciência e disposição para supervisionar.

Ninguém deve achar que o trabalho será realizado só porque ensinou a algum obreiro cheio de boa vontade como realizar a obra, e depois enviá-lo com expectativas de resultados grandiosos. Inúmeros fatores podem contribuir para frustrar o trabalho e tirá-lo do rumo certo. A não ser que essas questões sejam abordadas de maneira realista por pessoas competentes e sensíveis, o obreiro pode se sentir desencorajado e derrotado. Da mesma forma, muitas experiências da graça, que produzem alegria na alma, precisam ser esclarecidas e aprofundadas, e seu sentido deve ser interpretado à luz da missão total de Cristo. Portanto, é fundamental que aqueles que se engajam na obra de evangelismo recebam supervisão e orientação pessoal até que estejam suficientemente maduros para seguir por conta própria.

Mantenha a clareza da visão

Também devemos lembrar sempre que o nosso objetivo é conquistar o mundo. Não podemos permitir que qualquer outra preocupação menos nobre tome o lugar de nossa estratégia mais urgente. É comum uma pessoa ser levada somente até o local onde deve trabalhar e ser deixada ali, sem um treinamento mais adequado e sem parâmetros. Neste caso, a atuação da pessoa envolvida na obra entra numa roda viva, sem qualquer desenvolvimento espiritual. A habilidade potencial do obreiro fica estagnada, e logo um líder promissor se perde por falta de acompanhamento. O sucesso se vai às vésperas da vitória. O que antes dava impressão de ser tão bom torna-se, no mínimo, uma pedra de tropeço.

Com certeza, muitos de nossos esforços pelo Reino de Deus se dissipam por esta razão. Fracassamos, não porque deixamos de tentar fazer alguma coisa, mas porque permitimos que nossos pequenos esforços se tornem uma desculpa por não fazermos mais. Com isso, perdemos a vantagem conquistada em anos de trabalho duro e sacrifício.

Quando aprenderemos a lição? Cristo ensina que não devemos nos satisfazer apenas com as primícias daqueles que são enviados a testemunhar. Discípulos precisam ser conduzidos à maturidade espiritual. Não há nada que substitua a vitória total, e nosso campo é o mundo. Não fomos chamados para manter a fortaleza, mas para alcançar as alturas. É à luz desta realidade que o passo final na estratégia de evangelização de Jesus deve ser compreendido.

NOTAS

[1] Antes de alimentar os cinco mil, Jesus pediu aos apóstolos que dessem ao povo algo para comer. Ele fez aquilo de propósito, pois queria mostrar a fragilidade da fé daqueles discípulos (Jo 6:6), assim como desejava conscientizá-los do problema. Só depois de os discípulos se convencerem de sua impotência diante da situação é que Jesus interveio. Mesmo assim, ele usou os discípulos para resolver o problema.

[2] É significativo que Jesus tivesse o cuidado de ensinar aos discípulos que o Espírito Santo continuaria a supervisionar o trabalho deles depois de o Mestre deixar o corpo terreno, cessando a orientação pessoal. O obreiro cristão jamais fica sem supervisão pessoal.

8

Reprodução

Para irem e darem fruto
João 15:16

JESUS ESPERAVA QUE ELES DESSEM FRUTOS

Jesus queria que os discípulos refletissem sua imagem e seme-lhança dentro, através e além da Igreja. Assim, seu ministério, por intermédio do Espírito Santo, seria potencializado a partir de seus discípulos. Por meio deles e de outros, o Reino conti-nuaria a expandir-se num raio de ação cada vez mais amplo, até que as multidões pudessem conhecer, de alguma maneira, a opor-tunidade oferecida pelo Mestre a seus seguidores, e por eles agora estendida ao mundo. Com esta estratégia, a conquista do mundo seria apenas questão de tempo e fidelidade ao plano divino.

Jesus conseguira construir, com seus discípulos, os alicerces de uma Igreja que desafiaria e venceria todos os poderes da morte e do inferno. Tudo começara como um pequeno grão de mostarda, mas cresceria em tamanho e força até tornar-se "a maior das hor-taliças" (Mt 13:32; v. Mc 4:32; Lc 13:18,19). Jesus não esperava que todo mundo fosse salvo (ele reconhecia a rebeldia dos seres humanos em relação à graça divina), mas antevia o tempo em que o Evangelho da salvação em seu nome seria proclamado com convicção a toda criatura. Por meio deste testemunho, sua Igreja militante um dia seria a Igreja universal, até se tornar a Igreja triunfante.

Não seria uma conquista fácil. Muitos crentes sofreriam perseguição e martírio na batalha. Contudo, não importava quão grandes seriam as provações pelas quais o povo de Deus teria que passar, nem quantas batalhas menores fossem perdidas durante a guerra, a vitória definitiva estava garantida. A Igreja do Senhor venceria no fim.[1] Nada poderia prevalecer contra ela ou vencê-la (Mt 16:18).

VITÓRIA ATRAVÉS DO TESTEMUNHO

Essa incrível confiança no futuro se baseava no conhecimento de Cristo a respeito daqueles que o adoravam. Ele sabia que seus discípulos haviam aprendido, pelo menos, a essência de sua glória. Pedro, porta-voz do grupo de apóstolos, resumiu isso tudo quando afirmou a Jesus: "Tu és o Cristo, o Filho do Deus vivo" (Mt 16:16; v. Mc 8:29; Lc 9:20). Lá estava uma verdade indestrutível, e foi sobre este fundamento que Jesus previu como sua vitória seria conquistada, ao responder: "E eu lhe digo que você é Pedro, e sobre esta pedra edificarei a minha igreja" (Mt 16:18).

A força dessas palavras indica quão importante é a iniciativa humana na realização desse plano. Sem se deixar empolgar pelas concepções eclesiásticas elaboradas a respeito dessa passagem bíblica, podemos, pelo menos, concordar que as palavras de Jesus foram dirigidas a uma pessoa que fizera uma afirmação pessoal de confiança em seu Senhor.[2] De fato, a percepção de que seu Mestre era o próprio Filho de Deus não era algo que Pedro tivesse elaborado por conta própria, como Jesus deixou tão claro (Mt 16:17). Contudo, a experiência daquela revelação estava bem gravada em sua "carne e sangue", e por intermédio da expressão fiel de tal fato a outras pessoas é que a Igreja de Cristo estava destinada a triunfar.[3] Como poderia ela perecer? A fé dos apóstolos no Cristo vivo se impregnara tanto em sua vida que se consolidara como uma pedra — a pedra que Pedro reconheceu ser o seu Senhor, a "pedra angular" sobre a qual todos os crentes são usados como "pedras vivas" na construção da Igreja (1Pe 2:4-8; v. Ef 2:20-22).[4]

No entanto, não devemos deixar de ver a relação direta entre o testemunho de Cristo e a vitória definitiva da Igreja sobre o mundo. Uma coisa não pode acontecer sem a outra. Combinar esses dois fatos dinâmicos pelo poder do Espírito Santo é o espírito da estratégia evangelizadora de Jesus.

A ANÁLISE DO PRINCÍPIO

Tudo leva de volta aos discípulos de Jesus. Eles eram a vanguarda de seu movimento abrangente. "Por meio da mensagem deles", o Mestre esperava que outros cressem nele (v. Jo 17:20). Estes, por sua vez, passariam a Palavra adiante, até que todo o mundo conhecesse quem é o Cristo e o que ele veio fazer na Terra (Jo 17:21,23). Toda a estratégia evangelística — na verdade, o cumprimento do próprio propósito do Filho de Deus ao vir a este mundo para morrer na cruz e ressuscitar — dependia da fidelidade de seus seguidores escolhidos à tarefa. Não importava quão pequeno fosse o grupo com o qual a tarefa começaria, contanto que eles se multiplicassem e ensinassem os seus discípulos a formar outros. Era assim que a Igreja de Cristo venceria: por intermédio das vidas consagradas daqueles que conheciam ao Salvador tão bem a ponto de o Espírito Santo e o método divino os levar a proclamar as Boas Novas a outras pessoas. Por mais simples que pareça, é deste modo que o Evangelho conquistaria o mundo. Jesus não tinha um "plano B".

UM TESTE PARA O MINISTÉRIO DE CRISTO

Jesus estava diante de uma prova de fogo. Será que os discípulos continuariam sua obra depois que ele se fosse? Ou, para ser mais específico: poderiam realizar a tarefa tão bem sem a mesma supervisão direta de que dispunham quando estavam na presença de Jesus? Pode até parecer que era pedir demais, mas, considerando a questão a partir de um ponto de vista puramente humano, o fato é que, até aquele ponto que seus seguidores haviam chegado em termos de desenvolvimento cristão, Jesus jamais poderia ter certeza de que o investimento que fizera em suas vidas produziria os resultados esperados para o Reino. Se os discípulos falhassem na tarefa de divulgar a obra do Espírito Santo e o método divino a outras pessoas que dessem continuidade à obra, então tantos anos de ministério entre eles logo teriam sido em vão.

Não é de admirar que Jesus tenha incutido em seus discípulos, de modo tão indelével, a necessidade e a inevitabilidade de reproduzir sua imagem e semelhança em outras pessoas. Uma ilustração desta realidade era a parábola da vinha e seus ramos (Jo 15:1-17). Nesta analogia, uma das mais simples e, ao mesmo tempo, mais profundas, Jesus explica que o propósito da vinha (ele mesmo) e dos ramos (os que crêem nele) é o de produzir frutos. Assim sendo, qualquer ramo que não produza fruto é inútil e deve ser cortado pelo agricultor. E o mais importante: os ramos que dão fruto devem ser podados a fim de produzir ainda mais (Jo 15:2). É evidente que o poder sustentador da vida da vinha não poderia ser concedido de modo ilimitado a ramos sem vida. Qualquer ramo que faça parte da vinha deve produzir fruto para sobreviver, porque esta é a sua natureza. E Jesus aplicou este princípio na vida de seus discípulos. Do mesmo modo que eles eram participantes de sua vida, certamente dariam seu fruto (Jo 15:5,8). Além disso, o fruto produzido permaneceria (Jo 15:16).[5] Um crente estéril é uma contradição. É pelos frutos que se reconhece uma árvore.

Este princípio foi enfatizado muitas vezes durante o ministério de Jesus. Era considerado o resultado natural de seu sacrifício em favor do mundo (Jo 12:24; v. 17:19), a obra que distinguia aqueles que faziam a vontade do Pai celestial (Mt 7:16-23; Lc 6:43-45). Era como a recompensa que os discípulos receberiam por seu trabalho na seara (Jo 4:36-38). Seria, inclusive, negado àqueles que, "quando chegam as preocupações desta vida, o engano das riquezas e os anseios por outras coisas", sufocam a Palavra de Deus plantada no coração (Mc 4:18-20; Mt 13:22-23; Lc 8:14,15). Foi apontado como o elemento que faltava na vida dos saduceus e fariseus, e que os tornava tão desprezíveis diante de Jesus (Mt 3:7,8; 12:33,34; Lc 13:6-9). De várias maneiras, e entre todo tipo de pessoa, o Mestre chamou homens e avaliou o produto de suas vidas. Era isto que revelava aquilo que realmente eram. Na verdade, quando se trata de analisar a produção de frutos em seu contexto mais amplo — ou seja, a vida de Cristo sendo reproduzida na personalidade humana, primeiro em nós, depois nos outros —, praticamente tudo o que Jesus disse e fez conduz a este princípio.

A GRANDE COMISSÃO

A Grande Comissão que Cristo determinou para sua Igreja pode ser resumida na ordem: "Vão e façam discípulos de todas as nações" (Mt 28:19). Este texto indica que os discípulos deveriam sair pelo mundo e ganhar outras pessoas para o Evangelho. Elas se transformariam naquilo que eles mesmos já eram: discípulos de Cristo. Esta missão ganha ainda mais destaque quando se estuda a passagem no texto original grego, no qual se verifica que os verbos "ir", "batizar" e "ensinar" são todos particípios. A força deles está na expressão traduzida por "façam discípulos".[6] Isto significa que a Grande Comissão não consiste apenas de ir às extremidades da Terra para pregar o Evangelho (Mc 16:15), nem de batizar muitos convertidos em nome do Deus trino, nem de ensinar-lhes os preceitos de Cristo, mas de fazer discípulos, ou seja, edificar pessoas para que sejam iguais a eles mesmos, que foram tão mobilizados pelas Boas Novas que não somente seguiram a Cristo, como também levaram outros a seguir os caminhos do Senhor. Somente à medida que outros discípulos fossem formados é que as demais atividades da Grande Comissão poderiam cumprir seu propósito.

ORE POR TRABALHADORES

A liderança era o mais importante. Jesus já havia demonstrado, em seu próprio ministério, que as multidões desiludidas estavam prontas para a colheita. Mas se ainda não dispunham de pastores espirituais que as liderassem, como fazer para ganhá-las para o Reino? "Peçam, pois, ao Senhor da colheita que envie trabalhadores para a sua colheita", disse o Mestre aos discípulos (Mt 9:37,38; v. Lc 10:2). Há um tom de urgência nessas palavras — uma urgência ligada à necessidade desesperadora que o mundo tem por obreiros que cuidem das pessoas. Para que orar pelo mundo? Deus já o ama e deu o próprio Filho para salvá-lo. Não, não há necessidade de orar vagamente em favor do mundo. Ele está perdido e cego por causa do pecado. A única esperança que resta para o mundo está nas pessoas capazes de levar a ele o Evangelho da salvação. E aí, tendo conquistado almas para o Salvador, não as abandonem — pelo contrário, trabalhem com eles, demonstrando fidelidade, paciência e diligência, até que se tornem cristãos frutíferos, prontos para temperar o mundo ao redor deles com o amor do Redentor.

O PRINCÍPIO APLICADO À VIDA

É neste ponto que, finalmente, devemos todos avaliar a contribuição que nossa vida e nosso testemunho estão oferecendo ao propósito maior daquele que é o Salvador do mundo. Será que as pessoas que levamos a Cristo agora estão conduzindo outras a ele e ensinando-as a fazer discípulos, como nós? Veja bem, não é suficiente resgatar vidas, ainda que isto seja fundamental. Também não basta edificar os novos na fé em Cristo, embora seja igualmente necessário para garantir que os primeiros frutos permaneçam. Na verdade, não se pode exigir que eles ganhem mais almas, por mais nobre que seja esta obra. O que realmente importa para a continuidade de nosso trabalho não é apenas acrescentar mais seguidores de Cristo, mas a fidelidade com que aqueles que se converteram a partir de nossa pregação saem pelo mundo e preparam líderes entre aqueles que ganham para Jesus. É claro que queremos ganhar nossa geração para Cristo, e quanto mais cedo, melhor. Mas isso não é o suficiente. Não podemos considerar nosso trabalho completado enquanto não tivermos certeza de sua continuidade nas vidas daqueles que foram redimidos pelo Evangelho.

Por isso, o melhor critério para avaliar qualquer obra de evangelização não são os resultados a curto prazo, nem o que mostram os relatórios, mas a eficácia do trabalho na geração seguinte. Do mesmo modo, os parâmetros a partir dos quais uma igreja deve medir seu sucesso não são a quantidade de novos nomes adicionados ao rol de membros e o aumento do orçamento anual. Pelo contrário: o que vale é quantos cristãos estão ganhando almas e treinando-as para conquistar as multidões. A extensão definitiva de nosso testemunho é o que importa. Por esta razão, os valores só podem ser medidos na eternidade.

Não seria um bom momento de todos examinarmos mais uma vez nossa própria vida e nossos ministérios a partir dessa perspectiva? Como Dawson Trotman afirmou: "Onde estão os nossos homens?"[7] O que estão fazendo para Deus? Pense o que significaria para o futuro da Igreja se tivéssemos agora pelo menos um discípulo verdadeiro para apresentar como evidência de nosso trabalho. Isto não duplicaria instantaneamente nossa influência? E suponhamos que preparássemos outra pessoa igual a nós, e que este primeiro discípulo fizesse o mesmo. Isto não

106 PLANO MESTRE DE EVANGELISMO

multiplicaria por três a influência de nossas vidas? Pelo menos em tese, com o tempo bastaria um ministério para atingir multidões com o Evangelho. Isto, é claro, desde que cada pessoa que consideramos nosso discípulo seguisse com sinceridade os passos do Mestre.

COMPROVADO PELA IGREJA

Podemos ser gratos por isso ter acontecido com os primeiros discípulos da era cristã. Eles apresentavam o Evangelho às multidões, mas ao mesmo tempo construíam a comunidade daqueles que criam. Conforme o Senhor adicionava diariamente à Igreja os que se iam sendo salvos, os apóstolos, a exemplo do Mestre, desenvolviam crentes capazes de reproduzir seu ministério até os confins da Terra. Atos dos Apóstolos, na realidade, é só um desdobramento dos princípios de evangelismo esboçados por Cristo na vida da Igreja em crescimento.

Bastaria afirmar que a Igreja primitiva comprovou que o plano do Mestre para a conquista do mundo realmente funciona. Tão grande foi o impacto do testemunho dos discípulos que, antes do fim do século I, a sociedade pagã da época foi sacudida até os alicerces, e igrejas cada vez maiores eram estabelecidas na maioria dos centros populacionais. Se aquele impulso continuasse na força do alcance evangelístico que caracterizou os primeiros anos de existência da Igreja, no espaço de poucos séculos as multidões do mundo inteiro teriam conhecido o toque da mão do Mestre.

NADA DE ATALHOS

No entanto, os tempos mudaram, e aos poucos o estilo de evangelismo simples ensinado por Jesus foi sendo modificado. É claro que é sempre importante saber se adaptar em função das circunstâncias, mas, de alguma maneira, os próprios princípios bíblicos se tornaram confusos em meio aos esforços de dar ao Evangelho uma nova aparência. Princípios que exigem mais, como o desenvolvimento de líderes e a reprodução de discípulos, parecem ter submergido na estratégia mais simplista do recrutamento em massa. O reconhecimento popular se tornou um alvo mais importante do que alcançar o mundo com o Evangelho, e os métodos de evangelismo empregados pela Igreja, tanto em âmbito coletivo quanto na esfera individual, refletem esta mesma perspectiva imediatista. Vez por outra, como nos momentos de grande avivamento espiritual, os princípios do método de Jesus voltam a ficar em evidência. Porém, na opinião deste observador da história eclesiástica, esses períodos duram pouco tempo e nunca conseguem atrair a imaginação da vasta maioria dos líderes de igrejas. O plano de Jesus nunca deixou de valer; apenas tem sido ignorado, considerado como algo bom de lembrar, mas não para ser levado a sério como regra de conduta para o presente.

A questão em nossos dias

Esse é o problema da metodologia de nossos dias. Cerimônias, programas, organizações, comissões e cruzadas, todos elaborados com criatividade e motivações nobres, estão fazendo o possível para realizar uma obra que só pode ser levada a cabo por gente dirigida pelo poder do Espírito Santo. A intenção aqui não é a de depreciar tais esforços, pois sem eles a Igreja sequer funcionaria. Contudo, a menos que a missão pessoal do Mestre seja incorporada de maneira vital na norma e na essência de todos esses planos, a Igreja não poderá funcionar como deve.

Quando aprenderemos que evangelismo não se faz com coisas, mas com gente? Trata-se de uma expressão do amor de Deus, e Deus é uma Pessoa. Sendo a natureza de Deus pessoal, só pode se expressar por intermédio de alguma personalidade — primeiramente, revelada em sua plenitude em Cristo, e agora através do Santo Espírito na vida daqueles que se rendem ao

Filho de Deus. Comissões e juntas podem ajudar a organizar e a dirigir esse trabalho, e isto é necessário para alcançar o objetivo. No entanto, a obra em si só pode ser realizada por pessoas que alcancem outras para Cristo.

É por isso que devemos dizer, tal como E. M. Bounds, que "o método de Deus são as pessoas".[8] Enquanto não houver pessoas cheias do Espírito e comprometidas com o plano divino, nenhum de nossos métodos funcionará. Este é novo evangelismo de que precisamos. Não precisamos de métodos melhores, mas de pessoas melhores: gente que conheça seu Redentor com mais profundidade; que tenha a mesma visão do Mestre e sinta a mesma paixão pelas almas perdidas; que esteja disposta a desaparecer para que Jesus apareça; que queira apenas ver Cristo refletir sua vida neles e através deles, de acordo com a sua vontade, que é a melhor. Foi assim que o Mestre planejou para que seu objetivo se cumprisse na Terra; e quando sua estratégia for colocada em prática, as portas do inferno não poderão prevalecer contra a obra de evangelização do mundo.

NOTAS

[1] Por receio de que alguém interprete de forma errada esse otimismo, supondo que a evangelização do mundo destacada aqui negue a necessidade ou o fato da segunda vinda de Cristo em glória, quero reiterar que a pregação do Evangelho somente prepara o caminho para a volta do Senhor (Mt 24:14). Ele não desconsidera a intervenção pessoal de Cristo no fim dos tempos, nem implica que o Reino venha como resultado da criatividade humana. Esta é a verdade, independentemente de qualquer visão milenar particular.

[2] A natureza pessoal do discurso algumas vezes é obscurecida por aqueles que procuram evitar qualquer sugestão de que Pedro recebeu a supremacia sobre a Igreja. Esta preocupação é desnecessária, pois não existe nada nessa passagem, nem em qualquer outro trecho da Bíblia, que sustente as pretensões da Igreja Católica Romana em relação ao papado. Dizer que a "pedra" se refere a Pedro, como muitos exegetas fazem, apenas desqualifica a proeminência e a liderança do apóstolo na afirmação de sua fé em Cristo. Veja este ponto de vista, em *The expositor's Greek Testament* [*O Testamento Grego do expositor*], de A. B. Bruce (ed. por Nicoll, Grand Rapids, Eerdmans, p. 224,5); *The modern life of Christ*, de Philip Vollmer

REPRODUÇÃO

109

(Nova York: Revell, 1912, p. 162,3); e também os comentários de Meyer, Alford, Brown e Bengel. No entanto, outros eruditos preferem desassociar Pedro da "pedra" sobre a qual Jesus disse que edificaria a Igreja. Eles seguem várias linhas interpretativas, especialmente a idéia de que a "pedra" significa a confissão de fé verbalizada por Pedro. Exemplo disto é *Word pictures in the New Testament, v. 1* [*Retratos do mundo no Novo Testamento*], de A.T. Robertson (Nova York, Harper, 1930, p. 131-3); e também os comentários de Lutero a Clark, assim como a *Bíblia dos peregrinos*. Bem próxima dessa posição — e freqüentemente misturada a ela — é a opinião que a "pedra" é o próprio Cristo. Por exemplo, as notas nas bíblias de Berkeley e Scofield apóiam essa posição, como também fizeram Agostinho e Jerônimo. Outros crêem que o termo foi aplicado a Pedro na qualidade de representante de todos os crentes. Um exemplo dessa interpretação é *Commentary on a harmony of the evangelists* [*Comentário sobre a harmonia dos evangelhos*], vol. 2, de João Calvino (Grand Rapids, Eerdmans, 1949, p. 291). Muitos desses estudiosos valorizam o fato de que, no texto grego, a palavra "Pedro" (*pétros*) está no gênero masculino, enquanto a palavra traduzida por "pedra" está no gênero feminino. Esta distinção possibilita, pelo uso da palavra em outros trechos, ver Pedro como "um pedaço de formação rochosa", em contraste com a "formação rochosa propriamente dita", sobre a qual a Igreja seria estabelecida. Porém, independentemente de qualquer ponto de vista particular, permanece o fato de que Cristo dirigiu-se pessoalmente a Pedro, e que o apóstolo não poderia ter sido considerado sequer um pedaço da rocha se não tivesse afirmado pessoalmente a sua fé na divindade de Cristo. Para mim, esta conclusão parece uma verdade óbvia, acima de qualquer interpretação sobre a "pedra" já mencionada.

[3] Veja Peter Lange e descubra uma análise interessante sobre o modo como a fidelidade da confissão de Pedro é considerada a interpretação apropriada de "pedra", a qual remete a outro ponto de vista sobre a questão. Peter LAUGE. *Commentary on the Holy Scriptures — Matthew* [*Comentário sobre as Escrituras Sagradas — Mateus*]. (Grand Rapids, Zondervan, p. 298). A visão apresentada nesta minha exposição, porém, relaciona-se ao sentido da passagem inteira, e não apenas a uma palavra específica.

[4] É digno de nota o fato de que o próprio Pedro tenha feito tal analogia. Além disso, a ausência de qualquer reivindicação de superioridade pessoal em suas epístolas indica, de maneira convincente, que Pedro não compreendeu que o Senhor Jesus lhe concedera qualquer autoridade espiritual ou eclesiástica especial sobre a Igreja.

[5] Também é interessante notar que, nessa passagem bíblica, toda vez que a produção de frutos é mencionada, a palavra está no tempo presente. No texto grego, isto significa uma ação contínua, ou seja, a reprodução não pára.

[6] Reconheço minha dívida com o dr. Roland G. Leavell por ter sido o primeiro a chamar minha atenção para essa questão em seu livro *Evangelism, Christ's imperative commission* [*Evangelismo. o comissionamento imperativo de Cristo*] (Nashville: Broadman, 1951, p. 3). O verbo "ide", porém, está em relação de coordenação com o verbo que também o torna um imperativo. Fiquei surpreso ao descobrir que nenhum dos comentários que verifiquei a respeito desta passagem bíblica parece levar em conta que a gramática grega justifica a ênfase dos particípios citados.

[7] Dawson TROTMAN. *Born to reproduce* [*Nascidos para multiplicar*]. Lincoln, Nebraska: Back to the Bible, 1959, p. 42. Este livreto, escrito pelo fundador da organização Navigators, deveria ser lido por todos que se interessam pelo tema.

[8]E.M. BOUNDE. *Power through prayer* [*O poder por meio da oração*]. Chicago: Koody, p. 7. A narrativa de todos os grandes avivamentos espirituais e movimentos missionários da história da Igreja comprova a veracidade dessa declaração. É por isso que, fora da Bíblia, a leitura da biografia de cristãos contribui mais para estimular o evangelismo do que qualquer outra coisa. Seria uma boa idéia seguir um planejamento de leituras eclético e contínuo. Há muitos títulos disponíveis, mas entre eles há alguns que não podem deixar de ser lidos, como *Life and diary of David Brainerd* [*A vida e o diário de David Brainerd*], editado por Jonathan Edwards (Chicago: Moody, 1949); o relato que Howard Taylor faz de seu pai em *Hudson Taylor's spiritual secret* [*O segredo espiritual de Hudson Taylor*] (Londres: China Inland Mission, 1950); *Memoirs of rev. Charles G. Finney* [*Memórias do reverendo Charles G. Finney*] (Nova York: Fleming H. Revell, 1873); A história que Clarence Wilbur Hall conta sobre Brengle, *Portrait of a prophet* [*Retrato de um profeta*] (Nova York: Salvation Army, 1933); e a disciplina de vida de Jim Elliot, compilada por sua esposa, Elisabeth Elliot, a partir de suas cartas e seu diário, em *Under the shadow of the Almighty* [*Sob a sombra do Todo-poderoso*] (Nova York: Harper & Brothers, 1958). Essas e outras histórias verdadeiras e similares de pessoas com visão e dedicadas nos desafiam a fazer mais pela obra de Deus.

Conclusão

O Mestre e o plano do discípulo

Eu sou o Alfa e o Ômega.
Apocalipse 1:8

A VIDA TEM UM PLANO

Qual é o plano da sua vida? Todo mundo precisa de um plano para viver. O plano é o princípio organizador em torno do qual o objetivo da vida é alcançado. Talvez não tenhamos consciência do plano de nossas vidas em cada ato, e é possível que nem saibamos que temos um plano. Mesmo assim, todas as nossas ações invariavelmente revelam algum tipo de padrão que está no centro de tudo quanto fazemos.

Quando nos dedicamos de fato a esta questão e procuramos discernir nosso objetivo e como torná-lo realidade, o que descobrimos nem sempre nos parece muito satisfatório. No entanto, uma avaliação honesta deve nos levar a demonstrar maior preocupação com nossa convocação, pelo menos na pessoa que confia que o caminho de Jesus é o critério pelo qual toda ação deve ser analisada.

É bem possível que certos planos que elaboramos com cuidado precisem ser revistos ou mesmo abandonados. O mesmo pode ser dito em relação aos ajustes que as igrejas precisam fazer para se enquadrar à visão ministerial do Mestre. É quase certo que todo o nosso conceito de sucesso precise ser reavaliado.

Contudo, se os princípios esboçados neste livro têm algum valor, devem ser compreendidos como linhas diretrizes para toda e qualquer ação. Somente à medida que forem aplicados às atividades diárias hoje é que terão algum sentido real para nossas vidas. Considerá-los como verdades é o primeiro passo para dar-lhes a devida relevância.

MÉTODOS PODEM VARIAR

Assim, cada um de nós deve procurar alguma maneira de incorporar a sabedoria da estratégia de Jesus em nosso próprio método preferido de evangelismo. Nem todos se sentirão inclinados a adotar o mesmo ritual ou a mesma organização em seu modo de agir, e nem queremos que todos se adaptem a um molde. A variedade está na própria estrutura do universo, e qualquer método que Deus se agrade em usar é um bom método, embora isto não exclua a possibilidade de aprimorar nossa maneira de fazer as coisas. O Mestre nos oferece diretrizes para seguir, mas espera que cuidemos dos detalhes de acordo com as circunstâncias e tradições locais. Isto exige lançar mão de todos os recursos que estejam a nosso dispor. Abordagens novas e ousadas devem ser testadas conforme as situações forem mudando, e nem todas as experiências dão certo. Quem não está preparado para fracassar em sua determinação de descobrir alguma maneira de realizar a tarefa jamais começará a agir. Da mesma forma, a pessoa que tem medo de tentar muitas vezes não irá longe.

A PRIORIDADE HUMANA

No entanto, qualquer que seja a forma de nossa metodologia, a vida de Jesus nos ensina que encontrar e treinar pessoas para alcançar outras para o Salvador deve receber toda a prioridade. As multidões nunca poderão conhecer o Evangelho, a menos que contem com um testemunho vivo. Dar apenas uma explicação não é suficiente. As populações do mundo, sem rumo, precisam de uma demonstração daquilo em que devem acreditar — precisam contar com uma pessoa que se levantará entre elas para dizer: "Sigam-me, eu conheço o caminho!" É neste ponto que todos os nossos planos devem ser focados. Não importa quão espiritual possa ser a nossa ênfase, a relevância permanente de tudo quanto fizermos depende da qualidade no cumprimento dessa missão.

Ainda assim, precisamos entender que o tipo de recurso humano de que Cristo necessita não surge por acidente. Exige planejamento e esforços concentrados. Se queremos treinar pessoas, precisamos trabalhar por delas, procurá-las e ganhá-las para Jesus. Sobretudo, devemos orar por elas. Algumas já ocupam posições de autoridade na igreja. Outras ainda estão entre aqueles que esperam receber um convite para se entregar a Cristo. Porém, estejam onde estiverem, precisam ser alcançadas e treinadas para se tornar discípulos eficazes de nosso Senhor.

Comece com poucos

Não é bom achar que começaremos com um número elevado, nem devemos querer que seja assim. O melhor trabalho sempre se faz com pouca gente. É muito melhor dedicar um ano a alguém que aprenda o significado de ganhar pecadores para Cristo do que passar a vida inteira garantindo a manutenção do programa de uma igreja. Também não importa se o começo parece muito pequeno ou pouco promissor: o que vale é que aqueles a quem damos prioridade aprendam a transmitir a outros.

Mantenha a união

A única maneira realista de conseguir resultados é quando mestre e aprendiz trabalham lado a lado. Se nossos seguidores querem ver em nós o modelo daquilo em que serão transformados, precisamos estar perto deles. Trata-se da própria essência desse plano: permitir que nos vejam em ação para que entendam nossa visão e saibam de que forma ela se relaciona às nossas experiências cotidianas. Deste modo, o evangelismo se tornará, para eles, uma atividade prática com desdobramentos em todas as outras coisas da vida. Passa a ser encarado como um estilo de vida, e não como um dogma teológico. Mais do que isso: por estar em nossa companhia, o envolvimento dessas pessoas na obra é garantido.

DÊ TEMPO AO TEMPO

Um plano como este, naturalmente, exige tempo. Tudo o que vale a pena demanda tempo. Mas com um pouco de planejamento prévio, podemos pensar em várias coisas para fazer simultaneamente — tarefas que teríamos que cumprir de um jeito ou de outro, como visitas, conferências, recreação e até mesmo devocionais em grupo. Portanto, o tempo que se passa junto com essas pessoas não precisa ser cheio de afazeres. Do mesmo modo, se estivermos atentos, nossos discípulos poderão nos acompanhar quando estivermos servindo outras pessoas. Neste caso, estarão nos ajudando a alcançar mais gente para Cristo.

ENCONTROS EM GRUPO

Entretanto, a fim de garantir um pouco de estabilidade a esse sistema, talvez seja necessário agendar períodos especiais nos quais o grupo, ou parte dele, se reúna conosco. Durante essas reuniões informais, podemos estudar a Bíblia, orar e compartilhar uns com os outros nossas ansiedades e dificuldades mais profundas. Não é necessário contar para todo o mundo o que está sendo feito, ou mesmo revelar ao grupo qual é o plano maior, pelo menos a princípio. Apenas permita que as reuniões cresçam para além da simples necessidade comum de companheirismo. Por sua vez, o grupo poderá criar sua própria disciplina particular, dentro da estrutura geral da igreja.[1]

CONCLUSÃO

Essa idéia de grupos está sendo redescoberta em muitos lugares hoje em dia. Ela provavelmente representa um dos sinais de despertamento mais promissores que já surgiram. Pequenos organismos espirituais estão surgindo em todas as instâncias da vida e dentro de todas as igrejas, alguns deles lutando para encontrar um norte, outros se desviando. Porém, de forma geral, tal movimento expressa um profundo anseio, presente no coração das pessoas, pela realidade da experiência cristã. Como esses grupos não estão ligados por tradições ou regras fixas, impostas de fora para dentro, é natural que haja uma grande diferença na ênfase e na forma que essas células assumem. Na maioria delas, porém, é comum o princípio da comunhão íntima e disciplinada. É justamente este princípio que faz o método tão favorável ao crescimento. Por esta razão, todos nós podemos nos valer dele em nosso ministério entre as pessoas.[2]

Ao fazer esta relação, é muito significativo o fato de os principais evangelistas da atualidade reconhecerem o tremendo potencial desse plano, quando apropriadamente implantado nas igrejas. Em resposta à pergunta: "Se o senhor fosse pastor de uma grande congregação de uma metrópole, qual seria o seu plano de ação?", o pastor Billy Graham afirmou: "Penso que uma das primeiras coisas que faria seria formar um pequeno grupo de oito a doze pessoas que se reunisse algumas horas por semana e pagasse o preço! Isto lhes custaria alguma coisa em termos de tempo e esforços. Eu compartilharia com eles tudo que tenho por um período de alguns anos. Com isso, teria, de fato, oito a doze ministros entre os leigos da igreja, os quais, por sua vez, se encarregariam de outros tantos, a fim de ensiná-los. Conheço uma ou duas igrejas que estão fazendo exatamente isto, e este método está revolucionando. Penso que Cristo estabeleceu esse padrão. Ele passou a maior parte de seu tempo na companhia de doze homens. Não ficou muito com as grandes multidões. Na verdade, em todas as vezes que esteve com muita gente, os resultados não foram bons. Os melhores, na minha opinião, foram colhidos quando ele participou de encontros pessoais ou passou tempo com os Doze".[3] Nesta declaração, Billy Graham estava apenas fazendo eco à sabedoria do método proposto por Jesus.

ESPERE ALGO DELES

Não basta, porém, envolver pessoas em algum tipo de associação em grupo, da qual a Igreja é apenas uma expressão mais ampla. Essas pessoas devem ter a oportunidade de expressar aquilo que aprenderam. A menos que tenha oportunidade de alcançar outras vidas, o grupo poderá estagnar ou mesmo cristalizar, transformando-se em nada mais do que uma confraria. Nossos propósitos devem ser claros o tempo todo. Se, de vez em quando, nos afastarmos do mundo, não será para aliviar o conflito, mas uma manobra estratégica que permitirá recuperar as energias para a próxima ação.

Por isso, nossa tarefa consiste em cuidar para que aqueles que estão conosco tenham algo que fazer com o melhor que possuem. Todos podem fazer alguma coisa.[4] As primeiras incumbências devem consistir em tarefas normais, rotineiras, como levar cartas ao correio, instalar um sistema de som para reuniões em praça pública ou apenas permitir que suas casas possam ser usadas como pontos de referência. No entanto, aos poucos essas responsabilidades poderão aumentar, à medida que essas pessoas se revelem capazes de fazer outras coisas. Aqueles que tiverem o dom do ensino podem ser úteis na escola dominical. Logo depois, podem assumir alguma atividade pastoral adequada às suas habilidades. A maioria das pessoas é capaz de visitar um enfermo em casa ou num hospital. Alguns podem ser encorajados a pregar ou assumir o púlpito em reuniões informais. E é claro que todo cristão precisa receber alguma tarefa específica na área do evangelismo pessoal.[5]

Conclusão

É provável que os leigos não possam oferecer nenhuma outra contribuição mais essencial ao ministério da igreja do que na área de acompanhamento dos novos convertidos.[6] Nesta atividade, eles podem cumprir um papel indispensável do ministério, fazendo contato com aqueles que ainda são novos na fé em Cristo e conduzindo-os nas mesmas disciplinas e nos mesmos caminhos em que foram ensinados. Deste modo, aqueles que treinamos para esta tarefa tornam-se fundamentais na preservação do resultado de todo esforço evangelístico da igreja,[7] não apenas mantendo o avanço, mas também assegurando a continuidade do trabalho.

NÃO PERMITA QUE PAREM

Tudo isso exigirá muita supervisão, tanto no desenvolvimento pessoal dessas pessoas quanto nas tarefas que executarem ao lado de outras. Devemos estabelecer o hábito de nos reunir com eles e ouvir o que têm a dizer sobre o andamento do trabalho. Isso significará procurá-los onde estiverem ou aconselhá-los quando estiverem conosco em outras atividades. As perguntas que surgirem das experiências que vivenciarem devem ser respondidas enquanto as circunstâncias que geraram a questão ainda estão frescas em sua memória. As atitudes e as reações carnais devem ser identificadas desde o começo e abordadas com firmeza, assim como hábitos pessoais ofensivos, preconceitos sem fundamento e qualquer outra coisa que sirva para obstruir o seu sacerdócio diante de Deus e dos homens.

O principal é ajudá-los a se desenvolver na graça e no conhecimento. Considerando a fragilidade da memória humana, é prudente estabelecer uma agenda de coisas a se cumprir durante o treinamento dessas pessoas e manter um registro sobre o progresso para se certificar que nada foi esquecido. Isto é particularmente necessário quando se trabalha com várias pessoas ao mesmo tempo, cada uma delas num nível diferente da experiência cristã.

Precisaremos exercer paciência, pois o desenvolvimento dessas pessoas provavelmente será lento e prejudicado por muitos vacilos. Entretanto, enquanto estiverem em busca da verdade e dispostas a segui-la, de um jeito ou de outro se desenvolverão até chegar à maturidade em Cristo.

AJUDE-OS A LEVAR SEUS FARDOS

Talvez a parte mais difícil de todo esse processo de treinamento seja a necessidade de prever os problemas que esses discípulos enfrentarão e prepará-los para o embate. É algo muito difícil de fazer, e pode se transformar numa tarefa angustiante. Significa que não podemos nos esquecer deles. Até mesmo durante nossas meditações pessoais e nossos estudos bíblicos, esses discípulos continuarão fazendo parte de nossas orações e nossos sonhos. Mas o que mais um pai que ama seus filhos poderia querer? Temos que aceitar o fardo da imaturidade dessas pessoas até que sejam capazes de suportar a carga por conta própria. Supor, pelo menos nos estágios iniciais de seu desenvolvimento, que elas podem lidar sozinhas com seus problemas é uma atitude temerária. Devemos ser sensatos. Como guardiões e conselheiros, somos responsáveis pela ministração, aos nossos filhos espirituais, da instrução de como viver para o Mestre.

PERMITA QUE LEVEM A OBRA ADIANTE

Todas as coisas devem contribuir para conduzir essas pessoas escolhidas até o dia em que poderão assumir, por si mesmas, um ministério em sua própria esfera de influência. À medida que este tempo se aproximar, cada uma delas deve estar em dia com seu programa de treinamento para as almas que ganhou para Cristo através de seu testemunho, ou das quais tenham sido incumbidas de fazer acompanhamento. Desta maneira, sem que os novos discípulos percebam, nossa estratégia terá penetrado

Conclusão

na prática deles. No entanto, para não deixar nada sem esclarecimento, antes de cessar nossa supervisão, devemos explicar-lhes, de forma explícita, qual foi o nosso plano desde o começo. Eles precisam conhecê-lo bem, de modo que possam avaliar a própria vida de acordo com esse plano e, assim, transmiti-lo a quem estão tentando ajudar.

ACIMA DE TUDO, EXPERIÊNCIA ESPIRITUAL

É claro que o aspecto mais importante é a própria experiência espiritual dos novos discípulos. Antes de saírem de nosso controle, precisam estar absolutamente estabilizados na fé que vence o mundo. O diabo, ajudado por todos os demônios do inferno, procurará derrotá-los com todas as artimanhas de que dispõe. O mundo ao qual se dirigem jaz sob o poder de Satanás. Trata-se de uma batalha a ser travada todos os dias. Cada centímetro de progresso será resultado de uma conquista, pois o inimigo nunca se rende. Para enfrentar esse desafio, é necessário nada menos do que o poder do Espírito Santo. A menos que vivam na comunhão de Cristo e avancem na pureza e no poder de Deus, poderão ser facilmente dominados pelas forças lançadas contra eles, e todo o nosso trabalho terá sido em vão.

Assim, tudo quanto tivermos feito depende apenas da fidelidade dessas pessoas. Não importa quantas agreguemos para a causa do Evangelho, mas quantas são realmente conquistadas para Cristo. É por isso que nossa ênfase deve ser sempre sobre a qualidade de vida espiritual. Se chegarmos à categoria ideal de liderança, os outros nos seguirão. Caso contrário, ninguém encontrará nada que valha a pena seguir.

O PREÇO DA VITÓRIA É MUITO ALTO

Para dizer a verdade, esse altíssimo padrão de expectativa custa caro. É provável que muitos daqueles com quem começamos

120

pensem que a tarefa é grande demais e acabem caindo pelo caminho. Pode ser que passemos por isso agora mesmo. O serviço cristão é extremamente exigente, e se as pessoas querem ser úteis para Deus, precisam aprender a buscar primeiramente o Reino. Sim, haverá decepções. Mas para aqueles que conseguirem vencer e sair para refletir nossa vida em searas além de nossa capacidade, haverá júbilo crescente ao longo dos anos.

Não estamos vivendo prioritariamente para o presente. Nossa satisfação consiste em saber que, diante das gerações vindouras, nosso testemunho em favor de Cristo continuará produzindo fruto através daqueles que tivermos conduzido aos pés do Senhor num raio cada vez mais amplo, reproduzindo-se até às extremidades da Terra e até o fim dos tempos.

É ESSA A SUA VISÃO?

O mundo está procurando desesperadamente por alguém a quem possa seguir. Que seguirão a alguém, isto é indiscutível. Mas como será este líder? Alguém que conhece o caminho de Jesus Cristo ou alguém semelhante aos seus liderados, e que só poderá conduzi-los a trevas ainda mais densas? Esta é a questão decisiva em nosso plano de vida. A relevância de tudo aquilo que fazemos aguarda o seu veredicto. Por sua vez, o destino das multidões está na balança.

NOTAS

[1] Quem deseja conhecer uma disciplina centrada na igreja e forjada a partir da experiência prática para usar em grupos pequenos deve analisar o curso preparado por Lyman Coleman, intitulado "Growth by groups" ["Crescimento por meio de grupos"]. Para uma combinação eficaz de estudo bíblico indutivo, memorização das Escrituras, oração e alcance evangelístico dentro do contexto da dinâmica de grupo, este curso é muito bom.

[2] Não falta informação relativa a esse movimento, incluindo a função e a organização dos grupos. É preciso ter discernimento na leitura desse material, pois boa

Conclusão

121

parte é muito rasa em termos de orientação teológica. Mas não devemos permitir que isto diminua nosso interesse pela idéia. Pra encontrar sugestões práticas sobre o tema, alguns livros podem ser bem proveitosos, como *Fellowship evangelism through church groups* [*Evangelismo em comunhão através por intermédio dos grupos da igreja*], de Harry C. Munro (St. Louis: Bethany, 1951); *Two or three together* [*Onde estiverem dois ou três*], de Harold Wiley Freer e Francis B. Hall (Nova York: Harper & Brothers, 1954); *Spiritual renewal through personal groups* [*Renovação espiritual por meio dos grupos pessoais*], de John Casteel (Nova York, Association Press, 1957); *Group dynamics in evangelism* [*Dinâmica de grupo sobre evangelismo*], de Paul Miller (Scottsdale, Pensilvânia: Harold Press, 1958); *New life in the church* [*Vida nova na igreja*], de Robert A. Raines (Nova York: Harper & Brothers, 1961); *With the Holy Spirit and with fire* [*Com o Espírito Santo e com fogo*], de Samuel M. Shoemaker (Nova York: Harper & Brothers, 1960).

[3] Billy Graham. "Billy Graham speaks: the evangelical world prospect" ["Billy Graham fala: perspectives do mundo evangélico"], entrevista exclusiva para a revista *Christianity Today*, vol. 3, 13 de outubro de 1958, p. 5 (usada com permissão).

[4] Muito se tem dito, de uns tempos para cá, sobre a recuperação do ministério laico. Dos livros sobre o tema, um dos melhores é o de Paul Rees, *Stir up the gift* [*Use seu dom*] (Grand Rapids: Zondervan, 1952). Outras aplicações objetivas desta idéia podem ser encontradas em títulos como *Every member evangelism* [*Evangelismo para todos os membros da igreja*], de J. E. Conant (Nova York: Harper & Brothers, 1922); *The face of my parish* [*A face de minha paróquia*], de Tom Allan (Nova York: Harper & Brothers, 1922); *The company of the comitted* [*Na companhia dos comprometidos com o Reino*], de Elton Trueblood (Nova York: Harper & Brothers, 1961); e a história missionária eletrizante de *Evangelism-in-depth* [*Evangelismo em profundidade*] (Chicago: Moody, 1961). Uma obra relacionada ao assunto, escrita a partir do ponto de vista missionário, que exerceu grande impacto desde que foi lançada, é o livro *Missionary methods: St. Paul's or ours* [*Métodos missionários: os de Paulo ou os nossos*], de Roland Allen (Londres: World Dominion, 1953), e o título que o acompanha, *The spontaneous expansion of the Church* [*A expansão espontânea da Igreja*] (Londres: World Dominion, 1949).

[5] Há muitos livros bastante úteis sobre métodos de evangelismo pessoal. Nem todos possuem a mesma qualidade, mas esta avaliação deve ser feita por cada estudante. Como há muitas maneiras diferentes de tratar o assunto, é bom que o estudante conheça o conselho de muitos escritores especializados, entre os quais Arthur Archibald, Dawson Bryan, Robert H. Belton, S. L. Brengel, Shelby Carlett, J. Wilbur Chapman, Percy Crawfrord, David Dawson, Horace F. Dean, Gaines I. Dobbins, Murray W. Downey, Howard Ellis, William Evans, Leroy Gager, Gene Edwards, Albert F. Harper, Elmer Kauffman, Phillips Henderson, E. M. Harrison, Lionel Hunt, Nate Krupp, A. W. Knock, Florence Kee, Oscar Lowry, C. S. Lovett, J. C. Maculay, H. S. Miller, Roscoe Pershall, Rosaland Rinker, Stephen F. Olford, John A. O'Brien, Percy O. Ruoff, J. O. Sanders, Lorne C. Sanny, L. R. Scarborough, John T. Sisemore, Edgar J. Smith, Charles H. Spurgeon, John S. Walters, Alonzo F. Wearner, F. D. Whitesell, S. A. Witmer e Walter L. Wilson. Esta lista está longe de ser completa, mas, pelo menos, demonstra que não há razão para rejeitar a oportunidade de adquirir mais informação.

[6] Uma ajuda prática nesse tipo de acompanhamento pode ser encontrada no livro *Estabilishing the converts* [*Firmando os novos convertidos*], de Arthur C. Archibald

(Filadélfia: Judson, 1952); *The art of personal witnessing* [*A arte do testemunho pessoal*], de Lorne C. Sanny (Lincoln, Nebraska: Back to the Bible, 1957); *Where are the converts* [*Onde estão os convertidos*], de Sidney Powell (Nashville: Broadmans, 1958); e especialmente na obra *New Testament follow-up for pastors and laymen* [*Acompanhamento no Novo Testamento para pastores e leigos*], de Waylon B. Moore (Grand Rapids: B Eerdmans, 1963).

[7]Como no caso do evangelismo pessoal, há muita coisa escrita na área prática do evangelismo da igreja. C. E. Aturey, Arthur Archibald, Jesse Bader, J. N. Barnette, Andrew Blackwood, Theron Chastain, Kenneth Cole, J. E. Conant, Wildon Crossland, C. Lloyd Daughery, Eugene Golay, Charles L. Goodell, Byron Green, W. E. Grendstaff, Roland G. Leavell, William B. Riley, W. E. Sangster, Samuel A. Shoemaker, Roy H. Short e John S. Stam estão entre as autoridades no assunto que podem ser consultadas. Para uma análise mais abrangente das muitas facetas da obra evangelística da igreja local, uma boa opção seja o livro *Effective evangelism* [*Evangelismo eficaz*], de George E. Sweazey (Nova York: Harper & Brothers, 1953).